Anton Hoffmann

Darstellung der Mainzer Revolution oder umständliche und freimüttige Erzählung

Zehntes Heft.

Anton Hoffmann

Darstellung der Mainzer Revolution oder umständliche und freimüttige Erzählung

Zehntes Heft.

ISBN/EAN: 9783743678200

Hergestellt in Europa, USA, Kanada, Australien, Japan

Cover: Foto ©Suzi / pixelio.de

Weitere Bücher finden Sie auf **www.hansebooks.com**

Darstellung der Mainzer Revolution

oder

umständliche und freymüthige Erzehlung

aller Vorfallenheiten, die sich seit dem entstandenen französischen Revolutionskrieg zugetragen, und die einen Bezug auf den Krieg, auf die Uebergabe der Festung, oder auf den Klub und dessen grausames Verfahren gegen die anders Gesinnte haben,

mit allen nöthigen Beylagen.

Zehntes Heft.

Frankfurt und Leipzig
bey Johann Gottlob Pech
und in Commißion bey dem Buchbinder Ulrich Ritter
in Mainz 1794.

No. 61.

Erklärung

von Seiten des Kammeramts und Stadtgerichts, und des wegen dem Pupillarwesen damit verbundenen Pfandamtes, in Betreff des zu leistenden Eides.

Wir erhielten eine Proklamation vom 10ten dieses, vermöge wessen wir den darinn enthaltenen Eid schriftlich an die obere Behörde einschicken, oder in dessen Unterlassung wir augenbliklich von den Grenzen entfernt werden sollen. Mit Erstaunen lesen wir diese Eidesformel, deren Ablegung uns die Freiheit nehmen würde, wenn wir je wollten, andere Dienste in Deutschland anzunehmen. Wir genossen bisher in der deutschen Freiheit das Recht, in jede Dienste eines andern Landes zu tretten, wenn unser persönliches Wohl es erheischte, eine Freiheit, welche uns gegen jedes Ungemach schützte, und dieser würden wir durch den anverlangten Eid offenbar entsagen. Ja wir würden sogar bei unsern Mitbürgern, welche den Eid der Freiheit und Gleichheit noch nicht geleistet haben, uns in

die

die Gefahr fetzen, nicht gewählt zu werden, wenn wir eher den anverlangten Eid ablegen würden, als dieselben dargelegt haben, daß sie solchen von uns wollen. Wir würden durch die Wahlen Diener der Bürgerschaft, in deren Gehalt und Verpflichtung wir stünden; wie können wir also einen Schritt thun, ehe diese sich erklärt haben, ob sie solchen von uns verlangen? Würden wir aber auch gewählt, so erhielten wir Dienste von einer Dauer von zwei oder vier Jahren, nach der französischen Verfassung; wir aber, die wir allein vom Dienste, und unserer juridischen Arbeit leben müssen, wären der Gefahr ausgesetzt, nach zwei Jahren, durch manche bei Wahlen oft gewöhnliche Kabalen und Werbungen broblos gesezt zu werden; eine Gefahr, der sich der redliche Hausvater mit seiner brodfodernden Familie nicht aussetzen kann, sondern, wenn durchaus diese zeitliche Wahlen vorgenommen werden sollen, seine Nahrung in andern Provinzen, die seine Muttersprache reden, allerdings zu suchen genöthiget ist. — Ob aber die Verfassung mit den zeitlichen Wahlen nach französischer Einrichtung in Mainz immer bleiben werde, oder nicht, hängt in gegenwärtiger Kriegszeit allein von dem Glücke der Waffen ab, und jeder unpartheiische Mann

kann

kann die Möglichkeit nicht absprechen, daß
das Glück der Waffen sich auf Oestreichs und
Preussens Seite eben so lenken könne, wie es
sich dermal auf die französische Seite gelenkt
hat. Wie wandelbar das Waffenglück sey,
ist noch in zu lebhafter Erinnerung von dem
vor einigen Jahren gewesenen Türkenkriege.
Würde aber in diesem möglichen Falle Mainz
von den deutschen Heeren wieder erobert werden, und wir hätten den Grundsätzen der
Freiheit und Gleichheit nicht nur geschworen,
sondern Deutschlands Fürsten durch eine feierliche eidliche Erklärung entsagt, so würde es
bei dieser Entsagung bleiben, wir wären brod-
los und die Strafen der deutschen Avocatorien
würden gegen uns eintretten. Wir überzeu-
gen uns, daß die französische Nation, welche
das Glück der Menschen zu erheben sucht, gewiß uns der Gefahr dieses möglichen Un-
glückes nicht überlassen will. Daher sind wir
in die Nothwendigkeit gesezt, dermalen auf
die ergangene Proklamation erklären zu müssen, daß wir den verlangten Eid in dieser uns
gewissen Kriegszeit nicht leisten können.

Unser trauriges Loos wäre also nach der
Proklamation, augenbliklich uns von den
Grenzen zu entfernen, und uns als Feinde
der

der Republik ansehen zu laſſen. Vorderſamſt
erklären wir hierauf: daß derjenige, welcher
aus Furcht vor dem Ausgang der Sache, oder
aus Sorge für ſeine künftige Lebſucht, oder
wegen ſeinen individuellen Umſtänden, den
verlangten Eid nicht leiſtet, noch kein Feind
der erobernden Nation ſey. Wir können im=
mer ſagen, daß wir frei in der vorigen Ver=
faſſung lebten, und jedem andern Bürger
gleich waren. Alſo nicht wegen uns, ſondern
wegen dem Ausgange können wir dermal den
verlangten Eid nicht leiſten, ohne jedoch
Feinde des Eroberers zu ſeyn. — Sollten wir
aber nach der Proklamation das Unglück ha=
ben, daß unſere Eigenſchaft als unvermö=
gende Zuſchauer bei der Kriegsſache doch für
Feindſchaft gehalten werden, und wir daher
unſere, uns ſo liebe Mitbürger verlaſſen ſoll=
ten, ſo ſind wir wenigſtens berechtiget, nach
der von dem General Cuſtine, Namens der
franzöſiſchen Nation, mit dem vorigen Stadts=
kommandanten unterm 21ten Okt. 1792 ge=
ſchloſſenen Kapitulation Art. 7. nicht nur mit
unſern Effekten ungehindert fortzuziehen, und
desfalls die nöthigen Sicherheitspäſſe zu er=
warten, ſondern auch unſer nicht zu trans=
portirendes immobiles Eigenthum, iſt nach
beſagter Kapitulation Art. 8. in Sicherheit.

da

da der General Namens der Nation, die sichere Erhaltung desselben, unter dem Schutze des Gesetzes (worunter die damal vorhandene Gesetze allein zu verstehen sind) garantirt hat. — Es scheint zwar ein nachfolgendes Gesetz des Nationalkonvents vom 15ten Dez. 1792 Art. 4. anders in Betreff der Anhänger und Günstlinge des Fürsten zu disponiren, allein dieses spätere Gesetz konnte den früheren nach Völkerrecht geschlossenen Vertrag der Kapitulation nicht ändern, noch entkräften, und in der Kapitulation ist sogar dem Ministerium und dem hohen Klerus, welche schon ihrer Person nach nothwendige Anhänger des Fürsten seyn mußten, das Eigenthum gesichert. Es ist also gewiß, daß das Nationalkonvent, welchem die Grundsätze des Völkerrechts heilig sind, den 4ten Art. dieses Dekretes vom 15ten Dez. von den übrigen eroberten Provinzen, ausschließlich der Stadt Mainz verstanden habe; da die Kapitulation auf keine bestimmte Zeit, sondern nach Grundsätzen des Völkerrechts, bis zum Friedensschlusse pünktlich geltend ist.

Wenn also unser immobiles Vermögen nach einer Abreise unter dem Schutze des Gesetzes sicherer Erhaltung garantirt ist, gleiches Recht

Recht auch jenes, was wir an Mobilienvermögen hier lassen, genießt, uns aber auch nach der Kapitulation frei steht, jenes, was wir von unserm Mobilienvermögen ohne Unterschied mitnehmen wollen, exportiren zu können; so glauben wir doch, daß wir keine schlimmere Behandlung wegen unserer für das Wohl des Staates und der Bürgerschaft, ohne erhaltene Bezahlung, bisher mit so vieler Beschwerniß fortgesezten Dienstarbeiten verdienen, als jene übrigen Staatsdiener, welche schon lange von hier mit dem Ihrigen abgereist sind. Diesen aber ward Zeit gelassen, ihr Hauswesen vorher in Ordnung zu bringen, und bequeme Gelegenheit zur Reise abzuwarten; wir hoffen, daß wir für unsere geleistete Arbeiten nebst unsern rükständigen Salarien und noch weiters neuerlich versprochenen Belohnung, auch eine bequeme Zeit zur Abreise gestattet bekommen, wenn man durchaus will, daß wir die Stadt verlassen, oder ohne den verlangten Eid unsern bisherigen Richterdienst nicht forsetzen sollen.

Endlich haben wir noch einen wichtigen Umstand in Rükficht unseres Dienstes zu bemerken. Von dem Stadtgerichte, verbunden mit

mit dem Pfandamte, hieng bisher die Sicherheit von dem gröſten Theil des Vermögenszuſtandes hieſiger Stadt, wegen den Theilungen, Hypotheken und Pupillarweſen ab. Wir haben als ehrliche Männer dieſe Geſchäfte mit der pünktlichſten Treue erfüllt, und das Lob und die Zufriedenheit der geſammten hieſigen Bürgerſchaft iſt das Zeugniß hierüber. Wenn man dieſen unſern Dienſt ohne den verlangten Eid nicht mehr will, ſo wollen wir wenigſtens als ehrliche Männer, noch Rechenſchaft den bürgerlichen Vormündern über das Pupillarweſen ablegen, und unſere Akten gehörig abliefern, auch die noch auszufertigende Hypotheken expediren, damit wir von aller künftigen Reſponſabilität losgezählt werden können, — und dann wollen wir Heil, Segen und Gedeihen denen wünſchen, welche die Geſchäfte beſſer verrichten können, als wir.

Zum Schluſſe wollen wir der Einſicht der allgemeinen Adminiſtration überlaſſen, ob es nicht für den Ruhm der franzöſiſchen Nation zuträglicher ſeye, wenn dieſelbe mit der neuen Organiſation ſo lange abwarte,

bis

bis durch einen Friedensschluß die Stadt Mainz der Frankenrepublik einverleibt seyn wird.

Mainz, den 20. Febr. 1793.

Reichert Stadtschultheiß, Dohm, Maver, Merkel, Ruskopp, Seiler, Rottwit, Rosmann, Bertram Assessores, Danzinger, Lera, D'anton Gerichtsschreiber, Bochleimer, Pfandamtsassessor und Buchhalter, Armbrust, Vogt, Registratoren, Diel, Desgenhart, Dams, Andree, Schäfer, Semmel, Braun Prokuratoren, Held, Leweis, Köhler Pedellen.

No. 62.
Bekanntmachung.

Die Munizipalität glaubt, dem Unterrichte für die Gemeindeversammlungen folgendes noch als eine nähere Erklärung beifügen zu müssen. In dieser Instruktion wird verordnet und bekannt gemacht.

1) Daß die Urversammlungen nach den bisher bestandenen Stadtvierteln für jezt und bis zu einer künftigen weitern Abänderung bestehen

stehm und beibehalten werden sollen. So macht demnach das Stadtviertel A die erste Abtheilung oder erste Versammlung, B die zweite u. s. w.

2) Diese Sektionen halten ihre Versammlungen in nachfolgenden Kirchen, als: Lit. A. in der St. Ignazkirche, Lit. B. zu Liebsfrau, Lit. C. zu St. Quintin, Lit. D. zu St. Emmeran, Lit. E. zu St. Peter, Lit. F. zu St. Stephan.

3) Diese Urversammlungen werden nächstkünftigen Sonntag als den 24ten dieses durch das Läuten aller Glocken in der Stadt angekündigt. Der Anfang des Läutens geschieht um halb 8 Uhr, und wird bis 8 Uhr fortgesezt.

4) Um 8 Uhr fängt in jeder der obenbenannten Pfarrkirchen ein feierliches Hochamt an, nach welchem Schluß das *Veni creator spiritus* deutsch abgesungen wird.

5) Nach geendigtem Gottesdienste wird ein Munizipalbeamter in der Scherpe die Urversammlung eröffnen, und sobald dieses geschehen, Amt und Scherpe in die Hände des frei wählenden Volkes niederlegen, wornach alsdann die Wahlen nach der Instruktion vor sich gehen werden.

6) Um

6) Um aber alle Unordnungen bei den Urverſammlungen zu verhüten, iſt die Verfügung getroffen, daß in die benannte 6 Pfarrkirchen weder bei dem Hochamte noch bei den Wahlen, andere als Wahl- und Stimmfähige Perſonen aus der Sektion können zugelaſſen werden. Es wird daher vor jeder Kirchenthüre eine militairiſche Wache ſich befinden, um den Eingang den Perſonen, die nicht zu den Wahlen gehören, und beſonders jenen des andern Geſchlechts und der Kinder zu verhindern.

7) In den Kirchen wird vor dem hohen Chor, und innwärts der Kommunikantenbänke der Tiſch für den Wahlpräſidenten, die Stimmenſammler und Sekretaire errichtet, wo nach dem jedesmaligen Aufruf nur eine einzelne Perſon hingeht, und Eid und Stimmesgebung verrichtet.

8) Um dieſe Ordnung zu erhalten, wird daher auch an dem Eingange der Kommunikantenbank in den hohen Chor eine Wache von 2 Mann gegenwärtig ſeyn.

9) In dem Unterrichte iſt zwar §. 13 verordnet, daß die Sekretaire zu den Wahlverſammlungen von der Verſammlung ſollen gewählt werden; die Munizipalität ſchlägt aber
vor

vor, ob man nicht dem Polizeikommissair einer jeden Sektion, weil diese die Sektion aufgenommen, die Stelle eines Sekretairs auftragen solle.

10) Da die Festung Kastell nach dem Unterricht §. 34 die 7te Sektion der Stadt ausmacht: so wird auch daselbst nach der gegenwärtigen Bekanntmachung pos. 4 ꝛc. die Urversammlung in der Pfarrkirche vor sich gehen, mit dem Unterschiede jedoch, daß dieselbe von dem provisorischen Amtsvogten allda eröffnet, und übrigens mit dem Präsidenten, und den Stimmensammlern, wie hier, verfahren wird; auch wählt Kastell dermalen lediglich zwei Munizipalbeamte, die ihm nach seinem Lokale dienlich scheinen, und nach diesen einen Repräsentanten zum Nationalkonvent; macht sofort von diesen Wahlen, sobald sie geschehen, auf dem Gemeindehause hiesiger Stadt die schriftliche Anzeige, mischt sich übrigens aber für diesesmal nicht in die Wahl des Mairs, Gemeindeprokurators und der übrigen 12 Munizipalen der Stadt Mainz.

Mainz, den 20. Febr. 1793. im 2ten Jahr der Frankenrepublik.

Von Munizipalitäts wegen.
J. B. Reuffing, Munizipalsekretair.

No. 63.

No. 63.

Proklamation.

Da sowohl mir als den Kommiſſarien der vollſtreckenden Gewalt Vorſtellungen von Seiten der Bürger dieſer Stadt gemacht worden ſind, welche ſich zum Theil auf die ihnen zugeſtandene Kapitulation, zum Theil auf andere, durch das Geſetz nicht vorher geſehene Betrachtungen gründen, ſo benachrichtige ich die Bürger dieſer Stadt, daß ich bei der Nationalkonvention um ihre entſcheidenden Befehle nachgeſucht habe, und daß von jezt an bis zur Rükkunft des Kouriers, die vom General Cuſtine in ſeiner Proklamation vom 16ten d. M. angekündigten Maasregeln, in ſoweit ſie die Bürger dieſer Stadt betreffen, ausgeſezt bleiben ſollen.

Mainz, den 21. Febr. 1793. im zweiten Jahr der Frankenrepublik.

Unterzeichnet

Franz Wimpfen.

Dem Original entſprechend

Georg Wilhelm Böhmer.

No. 64.

No. 64.

Nachtrag

zu der Vorstellung der niedern Geistlichkeit, jedoch an den Nationalkonvent zu Paris gerichtet.

Bürger Präsident!

Aus beiliegender Proklamation des Bürger General Custine und Vorstellung der gesammten bürgerlichen Geistlichkeit der Stadt Mainz, wird der französische Nationalkonvent sowohl die Foderung, die an uns gemacht wurde, als auch die Gründe unserer Weigerung ersehen. Da uns nun von den Deputirten der vollziehenden Gewalt, den Bürgern Simon und Gregoire, der Antrag geschehen, zu ihrem von der ganzen Sache Beschaffenheit zu erstattenden Berichte, auch noch ein eigenes Schreiben beizufügen; zu einer gänzlichen Auseinandersetzung unserer ins Kurze gedrängten Gründe aber, und Ueberfetzung in die französische Sprache, die Zeit wegen dem baldigen Abgang des Kouriers zu kurz ist: so erlauben wir uns nur noch in deutscher Sprache einige Bemerkungen, als Nachtrag zu der dem Bürger General Custine übergebenen Denkschrift.

Was

Was in unserer Vorstellung von den ruhigen und friedlichen Gesinnungen der hiesigen Geistlichkeit gesagt wird, hat dieselbe erst bei dem Vorgange bewiesen, welcher zu dieser Vorstellung Anlaß gab; denn, als sie bei der Bürgerschaft allgemeines Mißvergnügen über den Zwang bemerkte, welcher derselben angelegt werden sollte, ein Mißvergnügen, das leicht in eine, in der jetzigen Lage höchst gefährliche Gährung hätte ausbrechen können, hielten es die Glieder dieser Geistlichkeit für ihre Pflicht, das Volk bei jeder Gelegenheit zur Ruhe zu ermahnen, und werden solches auch künftig in öffentlichen Volksreden thun. Diese Klerisei ist kein Haufen von fanatischen Priestern, aber es sind Männer, die ihren Grundsätzen getreu zu bleiben einmüthig entschlossen sind, und sich durch keine Drohungen zu einer Handlung gegen ihre Ueberzeugung nöthigen lassen. Den Eid, der an uns gefodert wird, können wir weder als redliche Männer noch als Geistliche ablegen. Eine Versammlung, welche die Rechte des Menschen auf Vernunft gründet, wird es selbst erkennen, daß es unredlich gehandelt sey, eine feierliche Religionshandlung, dergleichen der Eid ist, entweder ohne Ueberzeugung zu verrichten, oder eine Ueberzeugung dabei

dabei zu heucheln, die man nicht hat. Sie wird es daher erkennen, daß der Eid der Freiheit und Gleichheit nur aus freier Ueberzeugung, und selbst eigener Bestimmung, nicht aber aus Zwang abgelegt werden könne; daß ein gezwungener Eid dieser Art, als der offenbarste Widerspruch, eine Beleidigung des gesunden Menschenverstandes und eine Satyre auf die Religion sey, indem man eben in dem Augenblicke, wo man den ungerechtesten Zwang leidet, durch einen Eid betheuren soll, daß man frei seye und der Freiheit getreu bleiben wolle. Denn unter dieser Freiheit stehet doch gewiß Freiheit der Ueberzeugung und des Gewissens, als die edelste oben an. Die erlauchte Nationalkonvention kann ohnmöglich von redlichen Männern fodern, daß sie ihrer Vernunft und Religion spotten sollen.

Als Geistliche haben wir unsere Gründe blos im Allgemeinen angeführt, sind aber bereit, sie auf Erfodern umständlich zu erläutern. Wir fügen hier nur noch hinzu, daß wir uns als solche auch nach den Gesinnungen des Volkes richten müssen. Wir würden durch Ablegung dieses Eides bei diesem Volke alles Zutrauen verlieren, welches wir bisher zu besitzen das Glück hatten, und welches uns zu
unsern

unfern Verrichtungen unentbehrlich ist. Auch um dieses nicht zu verlieren, würden wir lieber sämmtlich auswandern, als einen gezwungenen Eid leisten; geben aber zur reifen Erwägung, ob es in diesem kritischen Zeitpunkte räthlich seye, das hiesige Volk seiner gesammten Geistlichkeit zu berauben.

Wenn wir nun einen Eid nicht leisten, der uns in jedem Betracht unmöglich ist, so sehen wir nicht, wie wir wegen dieser Verweigerung feindliche Behandlung verdienen; können wir deswegen mit denjenigen, die anderer Ueberzeugung sind, und in dieser den Eid der Freiheit und Gleichheit ablegen, nicht friedlich und einträchtig leben? Das Gegentheil beweißt das Beispiel verschiedener Religionsverwandten, die sich in einem Staate, der einer andern Religion zugethan ist, doch als ruhige Bürger betragen können, und so lang sie dieses thun, selbst auch in Kriegszeiten, nicht als verdächtige Leute verwiesen zu werden verdienen.

Bei unserer Berufung auf die Kapitulation, womit unsere Stadt übergegangen ist, wünschen wir den Umstand wohl in Erwägung zu ziehen, daß man uns vermöge des 8ten Artikels,

tifels, so lange wir keiner Ruhestörung uns
schuldig machen, aus hiesiger Stadt nicht verwiesen könne. Unter das schätzbarste Sicherheits- und Eigenthumsrecht gehört ohne Anstand auch dasjenige, in dem Orte seines bisherigen Aufenthaltes, und in seiner Wohnung
belassen zu werden. Unsere Verbannung
würde also schon eine Verletzung dieses ganz
unbedingten Vertrags seyn. Eben diese Kapitulation macht einen ganz wesentlichen Unterschied zwischen andern von der Frankenrepublik eroberten Ländern, und zwischen unserer Stadt, die nicht mit Gewalt erobert,
sondern mittelst eines öffentlichen Vertrags
übergeben worden ist.

Wir vertrauen auf die Gerechtigkeit der
fränkischen Nation und ihrer Stellvertreter,
daß uns ferner keine unserer Gewissens- und
anderer Ueberzeugung zuwiderlaufende Zumuthung werde gemacht, noch wir aus unseren Wohnungen und Eigenthum werden vertrieben werden. Mainz, den 21. Febr. 1793.

Pestel, Dechant zu St. Johann.
Schumann, Scholaster zu St. Stephan.
Dompfarrer Scheuer.
Martin Klein, Prior der Benediktiner
   Abtei auf dem Jakobsberg, nomine
   Cleri regularis mppria.
Köhler, Secretarius.

Aaa   No. 65.

No. 65.

Dekret

des Nationalkonventes vom 31. Jenner 1793 im 2ten Jahr des fränkischen Freistaates, welches verordnet, daß die Dekrete vom 15ten, 17ten und 22ten Dezember des vorigen Jahres an allen Orten vollzogen werden sollen, wo die Armeen der Frankenrepublik schon wirklich eingedrungen sind, oder noch eindringen werden.

Nachdem der Nationalkonvent vernommen, daß die Feinde des Volkes, die sich gegen seine Souveränetät verschworen haben, der Vollziehung der Dekrete vom 15ten, 17ten und 22ten Dezember Hindernisse in einigen Ländern in den Weg gelegt haben, wohin die Armee der Frankenrepublik durchgebrungen; so dekretirt er wie folgt:

Erster Artikel.

Die Dekrete vom 15ten, 17ten und 22. Dez. sollen in allen Orten vollzogen werden, wohin die Truppen der Frankenrepublik eingedrungen sind oder eindringen dürfen.

Zweiter Artikel.

Die Generäle, welche die Armeen der Frankenrepublik kommandiren, sollen alle

Maas

Maasregeln ergreifen, die für di[e]
der Ur- und Gemeindeversammlun[gen]
dachten Dekreten nothwendig sind.

Die Kommissarien, welche der [Na-]
tionalkonvent geschikt hat, um mit diese[n]
brüderliche Unterhandlungen zu pfle[gen,]
nen einstweilen alle Fragen entsche[iden,]
sich über die Form und Operatione[n der]
versammlungen erheben mögten,
über die Einsprüche wegen Gült[igkeit der]
Wahlen. Sie sollen hauptsächli[ch]
wachen, daß die Freiheit der Versa[mmlungen]
und Stimmen gesichert bleibe.

Dritter Artikel.

Die Völker, die in Ur- oder [Gemeinde-]
versammlungen vereinigt sind, wer[den ein-]
laden, ihren Wunsch über die A[rt der Re-]
gierungsform zu äussern, welch[e sie an-]
nehmen wollen.

Vierter Artikel.

Die Völker der Städte und L[andschaften,]
die längstens vierzehn Tagen nach[der öffent-]
lichen Bekanntmachung der Dekret[e]
vom 15ten, 17ten und 22ten Dez. [vorigen]
Jahres nicht versammelt wären, [wenn es]
nicht schon geschehen ist, — als a[uch]

Uaa 2

genwärtigen Dekretes — — sollen als solche erklärt werden, die nicht Freunde des fränkischen Volkes seyn wollen. Die Frankenrepublik wird sie als Völker behandlen, welche sich weigern, eine Regierungsform anzunehmen, oder eine zu gründen, die auf Freiheit und Gleichheit gebauet ist.

Proklamation der Kommissarien des Nationalkonventes des fränkischen Freistaates, an das Mainzer Volk.

Intrigue, Fanatismus, Heuchelei und Privatinteresse drehen und wenden sich auf tausenderlei Art, und bieten alle Kräften auf, um Euch wieder in Eure alten Ketten zu schmieden. Der Tag ist gekommen, wo man zwischen Freundschaft der Frankenrepublik und dem Hasse wählen muß, den sie den Tyrannen und ihren Anhängern geschworen; wo man zwischen Freiheit und Sklaverei wählen muß. Wenn ihr Euch frei erklärt, so behaltet ihr unsere Freundschaft. Wollt ihr Sklaven seyn, dann sollt ihr auch als solche von uns behandelt werden, und dies nach den Dekreten vom 15ten, 17ten Dezember 1792 und vom 31ten Jenner dieses Jahres.

Eure Urversammlungen sollen am 24ten dieses Monats Statt finden, und wir erklären alle

alle Akte oder Proklamationen für null und nichtig, die dagegen sind. Dem zu Folge haben alle Bürger den Eid abzulegen, der in der Proklamation des Generals Custine vom 16ten dieses Monates, kraft erwähnter Dekrete, vorgeschrieben ist, und alle und jede Adlichen oder Privilegirten, sollen schriftlich ihrem Adel und ihren Privilegien, vor dem 24ten dieses entsagen; sonsten werden — da man sie als Unterhändler und Anhänger der Feinde der Frankenrepublik betrachten muß — ihre Güter eingezogen; auch sollen noch außer dem alle andere Maasregeln gegen sie ergriffen werden, welche man für die öffentliche Sicherheit nothwendig finden wird.

Gegeben zu Mainz, den 21. Hornung 1793 im 2ten Jahre der Frankenrepublik.

Die Kommissarien des Nationalkonvents der Frankenrepublik.

Reubel, Haußmann und Merlin von Diedenhofen.

Für die Aechtheit der Uebersetzung dieses Dekretes und der Proklamation haften die fränkische Nationalkommissarien des Volksziehungsrathes.

Simon. Gregoire.

Auf Verordnung der Kommission des fränkischen Nationalkonventes.

Demangeat, Sekretair der Kommission.

No. 66.
Bekanntmachung.

Nachdem angezeiget, und wirklich erwiesen worden, daß auf öffentlichen Straßen dahier mehrere geschriebene Zettel gefunden worden, auf welchen Maire, Gemeindeprokurator und mehrere Munizipalen zu den neuen Wahlen vorgeschlagen sind, wobei allerdings zweideutige Absichten zum Grunde liegen müssen; als wird in Gefolge gemeinsamen Schlusses der Munizipalität und des Gemeinderaths vom 20ten dieses, hiemit bekannt gemacht: daß das Stimmensammlen für sich und andere, nach den fränkischen Gesetzen schärfstens verboten, und derjenige, der deswegen überzeugt würde, alles Stimm- und Wahlrechts verlustiget sey, und daß man demnach auf die geheimen Ausstreuer solcher Zettel genaue Untersuchung anstellen lassen, und dieselbe im Betretungsfalle mit scharfen Ahndungen belegen werde.

Mainz, am 21. Febr. 1793 im 2ten Jahre der Frankenrepublik.

Von Munizipalitäts wegen.

J. B. Reussing.
Munizipalsekretair.

No. 67.

No. 67.

Die Munizipalität macht zur Beruhigung der sämmtlichen Bürgerschaft, nachstehende mit dem grosen Nationalsiegel versehene Erklärung der unterschriebenen Nationaldeputirten hiedurch bekannt.

Wir Deputirte des Nationalkonvents der fränkischen Republik und Kommissarien der Armeen des Rheins und der Mosel, vorzüglich beauftraget, die Erfüllung der Dekrete vom 15ten, 17ten Dezember und 31ten Januar, in Vollziehung zu bringen, versprechen den Mainzer Einwohnern im Namen der Frankenrepublik, niemal zu fodern, daß in unseren Armeen ein einziger Bürger zum Kriegsdienst genommen werde. Mainz, den 22. Febr. 1793 im 2ten Jahre der Frankenrepublik.

Die Kommissarien des Nationalkonventes,
Reubel, Hausmann und Merlin
von Diedenhofen.

No. 68.

Urtheil
der fränkischen Nationalkommissarien gegen das zurükgebliebene erzbischöfliche Vikariatspersonale.

In Hinsicht auf eine Vorstellung des Generalvikariates zu Main, unterm 3ten jüngst verwichenen Jänners, worinn dasselbe erklärt, daß es in seinen sogenannten geistlichen Verrichtungen unter keiner Civilgewalt zu stehen glaube, und daß es mit dem Kurfürsten und ehemaligen Erzbischoffen von Mainz nur Eine moralische Person ausmache; in Hinsicht ferner auf die verschiedenen Vorstellungen, welche im Namen der Körperschaften der Mainzer Klerisei verfertigt sind, und nicht nur die nemlichen Grundsätze verrathen, sondern eine förmliche Weigerung enthalten, sich nach den Dekreten zu fügen; in Hinsicht endlich auf ein Schreiben des General Wimpfen vom 20ten laufenden Monats, woraus sich ergiebt, daß es immer vorzüglich dieser Theil der Geistlichkeit sey, der die Gemüther in Gährung setze;

Gebieten wir abgeordnete Kommissarien der Nationalkonvention an den Rhein- Vogesischen- und Moselarmeen, im Namen der Frankenrepublik, allen einzelnen Gliedern des anmaslichen Mainzer Vikariats, augenblicklich sich zu derjenigen moralischen Person zu verfügen, womit sie nur Eins zu seyn vorgegeben. Wir ersuchen den befehlhabenden General, alle nöthige und die schleunigsten Verfügungen zu treffen, sie fortbringen zu lassen; Wir ersuchen gleichermaßen die Generäle, nerále, daß sie in Gegenwart der Kommissarien der vollstreckenden Gewalt, alle Schriften und Geräthschaften, sowohl bewegliche als unbewegliche, der gedachten Personen, unter das Siegel und Verwahrung (sauvegarde) der Nation legen lassen, zufolge der Artikel 4 und 11 des Dekrets vom 15ten Dezember, und des 4ten, des Dekrets vom 31ten Jänner.

Gegeben zu Mainz, den 22ten Hornung 1793. im zweiten Jahr der Republik.

Reubel, Haußmann, Merlin, Kommissairs.
Demangeat, Sekretair der Kommission.

No. 69.

Proklamation

der fränkischen Nationalkommissarien des Vollziehungsrathes, an die Einwohner der Gegenden zwischen Landau, dem Rhein und der Mosel.

Mainz, den 23ten Hornung 1793. im zweiten Jahr des französischen Freistaates.

Wir vernehmen, daß eine von der heimtückischen Bosheit der Feinde der Freiheit ersonnene Lüge, die mit den Grundsätzen eines freien Volkes so sehr im Widerspruche steht, daß sie keiner Widerlegung würdig ist, manche aus Euch von der Annahme dieser Grundsätze zurük zurückhält. Man schrekt Euch mit der verläumberischen Drohung: daß die Franken jene, welche den Schwur für Freiheit und Gleichheit leisteten, zwingen würden, die Waffen gegen ihre Feinde zu ergreifen.

Wir haben schon in unserer Proklamation am 18ten dieses Monates erklärt, daß dieses eine schwarze Verläumdung sey. Wenn ihr wünschet, mit den Franken vereinigt zu seyn, sagten wir, und diesem Eurem Wunsche sollte Genüge geleistet werden, dann dürfen keine andere als Freiwillige, wie in der ganzen fränkischen Republik, zu solchen Kriegsdiensten angenommen werden. So bestimmt und deutlich auch diese unsere Erklärung war, so erfuhren wir dennoch durch verschiedene Aeuserungen der aus jener lügen entstandenen Furcht, daß sie entweder übersehen, oder nicht in ihrem ganzen Sinne verstanden wurde.

Wir dürfen zwar nur fragen, ob das, was Ihr befürchtet, schon einem unter Euch von den Franken wiederfahren sey? Sie kamen als Eroberer zu Euch und — thaten es nicht; sie bieten Euch Bruderliebe und Freundschaft an, und wie könnt ihr glauben, daß sie nach diesem Anerbieten als Eure Brüder das thun würden, was sie als Sieger nicht thun wollten? Allein da uns Euer Glück und die Ehre

der

der freien fränkischen Nation zu sehr am Herzen liegt, als daß wir nicht alles zu entfernen suchen sollten, was diese kränken, und Euch für jenes blind machen könnte, so wiederholen wir unsere Erklärung und versichern Euch im Namen des freien Volkes, das uns gesandt hat, und dem seine Versprechungen so heilig als seine Rechte sind, daß niemand gezwungen wird, gegen unsere Feinde zu fechten. Wenn sich in der Folge bei besserer Erkänntniß des Glückes, für das die Franken so gerne ihr Leben wagen, auch unter Euch Männer finden sollten, die ihre Rechte mit den Waffen in der Hand vertheidigen wollen; so wird der General der Frankenarmee sie unter seine Fahne der Freiheit als Brüder, nie aber als gezwungene Memmen, willig aufnehmen.

Wir hoffen, daß Euch diese Erklärung beruhigen, und den Franken, die ihre Feinde niemals fürchten, bald die Freude machen wird, sich die guten Bürger eines Volkes, für dessen Wohl sie so vieles thun, sich zu Freunden gemacht zu haben.

Die Kommissarien der vollstreckenden Gewalt der Frankenrepublik.

Simon.   Gregoire.

Friedrich Lehne,

Sekretair der Kommission.

No. 70.

No. 70.

Proklamation

von Franz Wimpfen, Kommandant der vogesischen Armee, in Abwesenheit des Generals Custine.

Nicht als ob wir die Bürger und Einwohner von Mainz schändlicher, die Menschheit entehrender Handlungen fähig glaubten, sondern um dem Gesetze Genüge zu thun, welches uns unter unserer Verantwortlichkeit in einer, in den Belagerungsstand versetzten Stadt alle nur mögliche Sicherheitsanstalten zu treffen befiehlt, fordern wir jezt zum leztenmale alle Bürger, Beisassen und übrige nicht zur Frankenarmee gehörige Einwohner dieser Stadt, weß Alters, Standes oder Geschlechts sie immer seyn mögen, feierlich auf, alle in ihren Händen oder Häusern befindlichen Feuergewehre, die Pistolen nicht ausgenommen, in der Zeit vom Augenblicke der Bekanntmachung gegenwärtiger Proklamation an gerechnet, bis heute Abend um 6 Uhr in das hiesige Zeughaus abzuliefern, wogegen sie einen Empfangschein erhalten werden, der auf den Fall, wo sie künftig als freiwillige Verfechter der Freiheit und Gleichheit davon Gebrauch machen wollen (denn gezwungene

Strei

Streiter liebt die Frankennation nicht) ihnen ihr Eigenthum und die Rükgabe sichert.

Ferner befehlen wir allen nicht zur Frankenarmee gehörigen Personen, alle in ihren Händen oder Häusern befindlichen Seitengewehre, von welcher Art dieselben immer seyn mögen, ebenfalls zwischen hier und heute Abend 6 Uhr gegen Empfangscheine in dem hiesigen Zeughause abzuliefern.

Wir fodern alle Besitzer oder Besitzerinnen, Aufseher oder Aufseherinnen der Häuser auf, unverzüglich in den ihnen zugehörigen oder ihrer Aufsicht übergebenen Häusern, die strengste Nachsuchung vorzunehmen, und machen sie für alle diejenigen Feuer- oder Seitengewehre verantwortlich, welche bei einer von uns zu verfügenden Hausvisitation in diesen Häusern angetroffen werden sollten.

Der oder diejenigen, bei welchen, oder in deren entweder ihnen selbst zugehörigen, oder ihrer Aufsicht übergebenen Häusern nach der festgesetzten Zeit irgend ein Feuer- oder Seitengewehr angetroffen werden sollte, wird als Rebell gegen die fränkische Nation angesehen, und zum schreckenden Exempel für alle diejenigen

gen, die verwegen genug ſind, einer groſen Nation Hohn zuſprechen, unnachſichtlich mit dem Tode beſtraft.

Noch befehlen wir allen und jeden Einwohnern dieſer Stadt und Veſtung, ſich von Heute Abend an gerechnet, Abends nach 8 Uhr nicht ohne eine Laterne auf der Straße zu erſcheinen, widrigenfalls man ſie als ungehorſame und verdächtige Perſonen auf der Stelle arretiren wird.

Gegeben in unſerm Hauptquartier zu Mainz, den 23. Febr. 1793. im zweiten Jahre der Frankenrepublik.

Unterzeichnet

Franz Wimpfen.

Dem Original entſprechend.

Georg Wilhelm Böhmer.

Sechster Abschnitt
von
der Urversammlung
und dem deßfalls geforderten Eide,
bis
zur Belagerung der Stadt durch die Deutschen.

Erste Epoche
von
der Urversammlung
und dem deßfalls geforderten Eide,
bis
zur Eröffnung des rheinisch deutschen
Nationalkonvents.

Inhalt.

I. Wirkliche Urversammlung. II. Betragen der Versammelten. III. Eine Erklärung der Kommissarien des Vollziehungsrathes. IV. Fortsetzung der Wahlen. V. Neue Exportationen. VI. Eine Proklamation der Nationalkommissarien. VII. Abermalige Fortsetzung und endlicher Schluß der Wahlen. VIII. Fortdauer der Exportationen. IX. Oeffentliche Bekanntmachung der Wahlen. X. Grausames Verfahren gegen einige den Eid versagende Einwohner. XI. Warnung der Munizipa=

zipalität an die noch ungeschwornen Einwohner. XII. Bestreben eines Geistlichen, nach gemäsigter Eidesformel, die Bürger aus ihrer traurigen Lage zu retten. XIII. Installirung der neuen Munizipalität. XIV. Abgang des Mainzischen Militairhospitals und mit demselben eine Menge Einwohner. XV. Arand Regens im Seminarium. XVI. Neue Exportation. XVII. Ankunft des Antwortschreibens der Gesandschaft zu Frankfurt, auf die von Schmitzische Vorstellung. XVIII. Uebergang der Festung Königstein. XIX. Immerwährend fortdaurende Exportation der nicht geschwornen Einwohner, vorzüglich geistlichen Standes. XX. Verlegung des Nationalkonvents auf den 17ten Merz. XXI. Vorsicht der Munizipalität gegen den Mangel an Lebensmitteln, bei eintrettender Belagerung. XXII. Fortdauer der Exportationen. XXIII. Aufhebung der Konstitutionsgesellschaft und Errichtung einer neuen.

I. Mit einer feierlichen Stille begann endlich, der für die Einwohner von Mainz so schrekbare Tag (24te Febr.) an dem mit einemmale noch alle Ueberbleibsel der alten monarchischen mit dem teutschen Reiche verbundenen Staatsverfassung ohne alle Rücksicht übern Haufen geworfen werden sollte. Alle teutschgesinnte Bürger und Einwohner hielten sich in der bangesten Erwartung vor den Ereigeignissen in ihren Wohnungen verschlossen. Die meisten hatten sich schon Tages zuvor mit jedem häuslichen Bedürfniß versehen um auch nicht einmal in die Nothwendigkeit versetzt zu werden ihr Gesinde auszuschicken. Viele mit den nöthigsten Bedürfnissen nicht ganz vollkommen versehene Haushaltungen, entbehrten lieber das Fehlende, um nur ihre verschlossene Wohnungen nicht öffnen zu dürfen. Erblikte man auch eine Magd oder ein Kind auf der Straße, so sahe man auch sicher ihre Eilfertigkeit in Verrichtung ihres Auftrages, um nur geschwinde wieder von der Straße zu kommen. Selbst die Soldaten, die auf sonstige Tage haufenweis auf den Straßen herumirrten, blieben an diesen Tagen in ihren Quartieren, und man sahe von dem ganzen Militaire niemanden als jene die zur Wacht beordert waren. Dieses geschahe vermuthlich aus Furcht für einem Aufstand der Bürger und Einwohner, denen man von Seiten des Gouvernements nicht so ganz traute. Diese überaus feierliche Stille wurde um halb acht Uhr, durch das Läuten der Glocken in den sechs zu den Ur- und Gemeindeversammlungen benannten Kirchen unterbrochen; welches Läuten ununterbrochen bis acht Uhr fortwährte.

Bbb Um

Um diese Stunde versammelten sich die nicht als Kommissairs ausgesandten Klubsbrüder und einige zaghafte Bürger in den bekannten Kirchen, wo ein hohes Amt anfieng, und nach dessen Endigung das Veni creator spiritus in deutscher Sprache abgesungen wurde. Eine jede Kirche war an den Eingängen mit einer Wache besezt, welche die Stimm- und Wahlunfähige abzuhalten hatte. Während dem Gottesdienst patrouillirten mehrere Abtheilungen der schweren Reiterei, theils mit entblößten Säbeln, theils mit geladenen und gespannten Pistolen, um die Ruhe und Ordnung unter den nicht schwörenden Einwohnern zu erhalten; die nicht schwörende hingegen blieben in ihren Wohnungen ruhig. Nach geendigtem Gottesdienst begann endlich die Eidesleistung, „treu zu seyn dem Volke „und den Grundsäzen der Freiheit und „Gleichheit,‟ und mit dieser zugleich die Wahl eines Maire, Gemeindeprokurators, 12 Munizipalen und 6 Deputirten zum Mainzer Nationalkonvent, bei welchem Geschäfte in jeder Kirche der älteste an Jahren das Präsidium führte, und ein anderer im Schreiben erfahrne Mann die Stelle als Sekretair vertrat; weil die von der Munizipalität zu diesem Geschäft den Bürgern und Einwohnern

vor-

vorgeschlagene Polizeikommissaire sich selbigem nicht unterziehen wollten. *) Die Zahl der Versammelten war aber äusserst gering, indem sich selbige nicht auf dreihundert und siebenzig Köpfe belief, obgleich die in der Stadt aufgenommenen Stimm- und Wahlfähigen beinahe über zehntausend ausmachten.

II. So erhaben auch der Ton war, womit man die feierliche Eidesleistung und die darauf vorzunehmende Wahlen der Staatsdiener ankündigte, so erniedrigend und verabscheuungswürdig war das Betragen der Klubsbrüder bei diesem, das Volk beglücken sollenden Geschäfte. Ohne Rüksicht auf die Heiligkeit des Ortes ihrer Versammlung, ohne Rücksicht auf den widrigen Eindruck, den ihr unanständiges, ja sittenloses Betragen bei den übri-

---

*) Der Maire sowohl als die Munizipalität drangen darauf, daß die Polizeikommissairs bei den Urversammlungen die Sekretairsstelle versehen sollten; allein der Kommissair Groß hielt es weit unter seiner Würde, sich zum Nachtheil der deutschen Staatsverfassung zu einem Jakobinergeschäft gebrauchen zu lassen und entzog sich dem an ihn gethanen Auftrag, ohne die ihm gemachten Drohungen von Geld- und Leibesstrafe zu achten oder zu fürchten.

übrigen für Religion und Frömmigkeit noch
lange nicht verstokten Einwohnern machen
mußte, und ohne alle Achtung für das Geschäft
selbsten, dem sie sich unterziehen wollten, aßen
und tranken sie, zündeten die Pfeifen an der ewi=
gen Lampe an und rauchten, als seyen sie in ei=
nem Kaffee= oder Bierhaus versammelt, schrien
und hezten die Hunde auf die Altäre und trie=
ben überhaupt allen Unfug, der den übrigen
Einwohnern noch einen größern Abscheu vor
den Ur= und Gemeindeversammlungen und
dem Eide der Freiheit und Gleichheit bei=
bringen mußte.

III. Die Kommissarien der vollstreckenden
Gewalt waren bei den Nationalkommissarien
sowohl, als bei den Klubsmadators wegen
ihrer gegen die Einwohner von Mainz am
20ten und 21ten gezeigten Nachgiebigkeit, in
einigen Mißkredit gekommen, der durch den
Custinischen Sekretair Böhmer, als Redakteur
der Nationalzeitung, noch um ein Merkliches
vergrößert wurde, indem derselbe im 23ten
Stück vom 23. Febr. öffentlich kund machte:
General Wimpfen habe auf die Requisition
dieser Kommissarien die oben schon angeführte
Maaßregeln getroffen. Um nun diesen Miß=
kredit sowohl bei den Nationalkommissarien,

als

als auch bei den Madators der Klub zu verscheuchen, und zugleich auch allen Einwohnern der Stadt einige Rechenschaft von ihrem Betragen zu geben, ließen dieselben an diesem allgemeinen verstörten Tage eine gedruckte Erklärung bekannt machen, deren wesentlicher Inhalt aus der Beilage sub No. 71. zu entnehmen ist.

IV. Das für die Klubsbrüder und ihren Anhang so wichtige Wahlgeschäft war am vorhergehenden Tage noch nicht zu Ende gebracht worden: deshalb verfügten sich auch noch an diesem Tage (25ten Febr.) sämmtliche geschworne Klubsbrüder und Einwohner, in die für ihre Sektion angewiesene Kirche. Die meisten von diesen Freiheitsrittern mogten die Versammlung einer Zusammenkunft in einer öffentlichen Schenke gleich geachtet haben: sie scheuten sich sonach auch nicht, mit angezündeter Tobakspfeife in dem Munde und zum Essen und Trinken, mit Flaschen Wein und Eßwaaren in den Säcken an diese sonst geheiligten Orte zu gehen, und die Wahlen der künftigen Volksbeamten fortsetzen zu helfen.

V. Während der Fortdauer dieser Wahlen wurden die zwei Metzgermeister Meling und

Klippel, durch eine Wache von Nationalgarden aus ihren Wohnungen abgeholet, und
ohne weitere Untersuchung als Feinde der
französischen Volksfreiheit und Volkssouverainetät über die Brücke bis zu den Vorposten
der deutsch-kombinirten Armee gebracht. Diese
beide Exportirte waren Mitglieder der am
22ten zu den Kommissairs der gesezgebenden
Gewalt, von der ganzen Bürgerschaft ge-
sandten Deputation, und dies war bei den
Neufranken weit mehr als die wirkliche Verweigerung der Eidesleistung selbsten am
24ten Febr. Ohnehin hatten die Neufranken
ein starkes Mißtrauen auf die Mezger, die
dem äusseren Vernehmen nach Gewalt mit
Gewalt zu vertreiben entschlossen waren, die
Kommissaire wollten also dieser Klasse von
teutschgesinnten Stadteinwohnern ihren Bie-
dersinn und ihre muthige Entschlossenheit,
durch ein solches Unternehmen nach und nach
schwächen und endlich ganz ersticken. Diese
traurige Szene der Exportation wurde an diesem Tage öfters wiederholt, denn fast zu jedem Thor und fast zu jeder Stunde wurden
Landpfarrer, die den vorgeschriebenen Eid der
Freiheit und Gleichheit verweigert hatten,
durch kleine Eskorten von Reutern in die Stadt
eingebracht, und als Helfershelfer der Feinde

von

von der neufränkischen Freiheit, über die Rheinbrücke zu den feindlichen Vorposten geführt. Herzbrechend war der Anblik, wie diese Geistlichen mit der standhaftesten Miene zwischen ihren neufränkischen Begleitern giengen, und ganz unbekümmert waren, ob sie nun ihr zurükgelassenes Eigenthum je wieder erhielten, oder ob es dem raubsüchtigen Anhange der neufränkischen Freiheitsgrundsätzen zu Theil würde. Ein jeder dieser Geistlichen bekam von seinem Eigenthum nur die höchst nöthige Wäsche und Leibkleidung mit, die ihnen von einem ihrer Pfarrkinder nachgetragen wurde. Durch diese häufige Exportationen wurden die Mainzer über das Schaudervolle dieses Auftrittes vollends empört, und in ihrem Biederfinne nur noch mehr bestärkt.

VI. Der Unwillen der nichtgeschwornen Bürger, gegen jene die den Eid der Freiheit und Gleichheit am 24ten abgelegt, war gleich zu einem so hohen Grade gekommen, daß sich sehr viele derselben unterredet und beschlossen hatten: die Geschwornen sollten aus den Zünften verstoßen werden. Diese gewiß unbillige und gerade in dem kritischen und trauervollen Zeitpunkt auch noch unkluge Maaßregel ward nicht einmal verheimlicht, sondern sogar noch so

bekannt

bekannt gemacht, daß selbige zu den Ohren der Kommissarien der französischen Republik kommen mußte. Ueber dieses Benehmen der Bürger waren nun die Kommissarien der gesetzgebenden Gewalt sowohl als des Vollziehungsrathes äusserst aufgebracht, und erklärten, in der falschen Voraussetzung, die Bürger hätten Zunftversammlungen gehalten, und hiebei den für die Geschwornen so nachtheiligen Schluß abgefaßt: „Daß dieser Beschluß der Bürgerschaft gegen das Gesetz des Nationalkonvents vom 15ten Dezember liefe, — daß kraft dieses Gesetzes, alle Zünfte aufgehoben seyen, — daß jedermann frey ein Gewerb treiben könne, wie er wolle; — daß alle Zunftversammlungen gesezwidrig gewesen und noch seyen, daß alle Schlüsse solcher Zunftversammlungen als null und nichtig zu erklären, und daß diese Versammlungen strenge verboten seyen, bei Strafe für die Uebertretter, als Rebellen behandelt zu werden." (Beilage sub No. 72.) Eine solche Erklärung konnte, ja mußte die Abneigung der Bürgerschaft gegen die neufränkische Staatsverfassung noch mehr vergrößern, indem hierdurch das ganze Gebäude der Zunftverfassungen nun auf einmal durch die Franzosen zerstöhret wurde, folglich dem Bürgerstande gera ze gerade entgegen gearbeitet war, der unter der Regierung seines alten, von den schwärmerischen Neufranken sogenannten Despoten, über nichts zu klagen wußte, als daß man den alten Innungs- und Zunftgeist nicht genug aufrecht erhalten. *)

VII. Auch noch am folgenden Tage, (26ten Febr.) wurden die Wahlen der Volksbeamten fortgesezt, gegen Abend aber vollendet, dann sämtliche Stimmenzettel in Urnen gesammelt und nun selbige von sämmtlichen Wahlvorstehern verschlossen der noch bestandenen

---

*) Diese Klagen, so häufig sie auch waren, betrafen die Abstellung der, meistens nur auf Essen und Trinken abzielenden Gelagen, die Beisezung eines Polizeikommissairs zu den Zunftversammlungen, und die Annahme neuer Zunftmeister. Diese Klagen waren beinahe ganz allgemein, nur bei mancher Zunft stärker als bei andern, je nach dem sich eine Zunft mehr als die andere beeinträchtiget glaubte; wegen diesen Klagen glaubten auch die Klubsmadators, noch ehe die Franzosen nach Mainz kamen, würde jedermann mit offenen Armen die Franzosen aufnehmen, ihnen beipflichten und der alten Verfassung ganz entsagen. So wurde wenigstens Custine von den Emissairs versichert, um ihn ja zu einem Zuge nach Mainz zu bewegen.

proviforifchen Munizipalität überliefert, wo sodann noch am nemlichen Abend die Skrutinien in Gegenwart der Wahlvorsteher eröffnet und die Stimmen zusammen geordnet wurden.

VIII. Auch an diesem Tage wurden noch Landpfarrer, die den Eid der Freyheit und Gleichheit zu leisten sich geweigert hatten, mittelst militairischer Begleitung in die Stadt eingebracht, und von da ohne alle Untersuchung über die Rheinbrücke bis zu den teutschen Vorposten geführet. Ein solches Schiksal wiederfuhr an diesem Tage den P. P. Kapuzinern zu Bingen, von denen nur ein einziger den anverlangten Eid geleistet; mit diesen Ordensgeistlichen hatten die neufränkischen Ohnehosen und die teutsche Freiheitsritter nur ihr Gespötte und fügten ihnen manche Unbilden zu, die nicht leicht von Barbaren zu erwarten sind. *)

IX. So

---

*) In Bingen waren am 24ten Febr. alle Einwohner durch militairische Gewalt zur Ablegung des Eides der Freiheit und Gleichheit genöthiget worden. Der Pfarrer dieser Stadt und das Kapuzinerkonvent (einen jedoch ausgenommen) trozten der Gewaltthätigkeit, dafür wurden aber auch leztere bei ihrer Fortschaffung von den Neufranken und

IX. So still und ruhig der 27te Februar
ablief, so merkwürdig war der darauf ge=
folgte 28te, denn die Munizipalität machte
den gesammten Bürgern und Einwohnern das
Resultat der dreitägigen Wahlversammlungen
bekannt, in Gemäßheit dessen der ehemalige
Polizeikommissair Macke zum Maire, der ehe=
malige Amtsakzessist Waßmann zum Ge=
meindeprokurator, der Amtsakzeßist Nieder=
huber als Gemeindeprokuratorsubstitut er=
wählet worden waren; als Munizipalbeam=
ten hingegen waren ernennt: der freyherrlich
von Dahlbergische Amtskeller Umpfenbach,
der Handelsmann Patoky, der Handelsmann
Häflin, der Handelsmann Kronauer, der
Epezereikrämer Stephan Lindt, der Mate=
rialist Emmerich, der Silberschmidt Bayer,
der Buchbinder Nickhel, der Handelsmann
Noisten, der Handelsmann Salziola, der
Becker Euler und der von seinen Zinsen lebende
Mathäi. Patoky war von einer Dorfgemeinde
als Deputirter zum Nationalkonvent ernannt
wor=

---

und ihrem teutschen Anhange verhöhnt und ver=
spottet; ja es sollen sogar einige an ihren Bärten
gezupft und aus denselben einzelne Haare ausge=
rissen worden seyn. Der zurükgebliebene ge=
schworne Konventsbruder versahe den Gottesdienst
als ein konstitutionsmäßiger Geistlicher.

worden, er konnte folglich auch sich den Geschäften als Munizipal nicht unterziehen. Deshalb ernannte die Munizipalität den Bierbrauer Staudenheimer, der nach den 12 genannten Munizipalen zur Munizipalität in den Wahlen die meiste Stimmen hatte, zum einsweiligen Munizipalsubstituten für diesen Konventsdeputirten. Auch für den Fall, wenn ein oder der andere Munizipalbeamte, aus was immer für einer Ursache, verhindert seyn sollte, wurden als Munizipalsuppleanten der Praktikant Caprano, der Bürger Köhler, der Arzt Burkard, der Lebkuchenbecker Gaul, der Kaufmann und Stadthauptmann Endlich und der Glasermeister Müller ernannt, welche nach dem oben genannten Staudenheimer zu den Munizipalbeamtenstellen die meisten Stimmen hatten. Als Deputirte der Stadt zu dem rheinisch teutschen Nationalkonvente waren gewählt worden für das Stadtviertel, oder nach neufränkischer Sprache, Sektion A der Stadtgerichtsassessor Ratzen, für das Stadtviertel B der Bibliothekair Forster, für das Stadtviertel C der Zinngießer und Stadthauptmann Eckel, für das Stadtviertel D der Professor Westhofen, für das Stadtviertel E der bekannte Professor Hofmann und für das Stadtviertel F der Professor Metternich.

(Beis

(Beilage sub No. 73.) Der Bürger und Handelsmann Noisten und der Bierbrauer Staubenheimer gehörten nicht zu der Konstitutionsgesellschaft, und wollten auch sich in die Angelegenheiten der neufränkischen und teutschen Freyheitsschwärmer nicht mischen, allein ihre Weigerung, die ihnen angetragene Stellen anzunehmen, ward nicht angenommen.

X. Noch weit merkwürdiger als diese Bekanntmachung war das, an diesem Tage gegen einige noch ungeschworne Einwohner grausame Verfahren, wodurch man den übrigen Bewohnern der Stadt eine Furcht einjagen und sie sonach zur Ablegung des neufränkischen Eides der Freyheit und Gleichheit bewegen wollte. Der Arzt Dilenius, welcher immer gegen die Freyheitsschwärmerei öffentlich eiferte, der Praktikant Klaus, welcher mehreren seiner Bekannten, die Klubsbrüder geworden waren, immer, sogar an öffentlichen Orten und oftmals ganz unpolitisch ihren Freyheitsgrundsätzen widersprochen hatte, der Rechtsbeflissene Dibelius, der niemalen seinen Abscheu gegen die neufränkische Freyheit verbergen konnte, und der Perukenmachermeister Michel Schatzberger, der oftmals bei Zunftversammlungen als Zunftsprecher gegen die neufränkische tische sogenannte freye Staatsverfassung geeifert hatte; diese vier wurden in ihren Wohnungen arretirt, und einsweilen in das Zuchthaus in Verwahrung gebracht, von wo aus man sie auf die zwischen Eltfeld und Heidesheim im Rhein liegende Aue, zum Holzfällen brachte. Der Anblick, wie man dieselben aus der Stadt führte, war für die Einwohner von Mainz fürchterlich, doch fürchterlicher noch war für die Arretirten die ihnen angewiesene Arbeit selbsten, weil die am rechten Ufer des Rheines gelagerten Preussen um das Holzfällen zu verhindern, immerwährend auf die Aue mit Kanonen feuerten. Diesen Vier sollte noch der Stadtgerichtsassessor Roßmann Gesellschaft leisten, allein er war zum Glücke, als die Wache kam, nicht zu Haus, kam jedoch bald nachher, wurde aber von den im Hause zurückgelassenen Nationalgardisten nicht erkannt, und entkam noch an selbigem Tage glüklich der gewaltsamen Mißhandlung, die ihm wahrscheinlich darum zugedacht war, weil er die Erklärung des Stadtgerichts, den verlangten Eid der Freiheit nicht zu leisten aufgesezt, und bei allen Versammlungen der Einwohner als Deputirter des Gerichts erschienen war.

XI. Die

XI. Die Munizipalität glaubte nun nach diesem fürchterlichen Auftritt die Bürger und Einwohner durch eine Ermahnung zur Ablegung des geforderten Eides der Freiheit bewegen zu können, und erließ solche am folgenden Tage. (1ten Merz) Die Schmeicheleien die sich diese Muniziplität, wegen ihrem vorgeblichen Bestreben, die gegen die Nichtschwörenden verhängten strengen Maasregeln zu entfernen, *) selbsten machte, waren den Einwohnern der Stadt eben so auffallend als die Belehrungen und die angefügte Drohung: Im Falle der anverlangte Eid bis längstens Montag als den 4ten März Abends nicht geleistet seye, die Nichtgeschwornen Haus und Hof verlassen und fliehen müßten, d.^s solche von einem angesiedelten Franken besetzt würden. (Beilage sub No. 74.)

XII. Nach

---

*) Nach den Proklamationen vom 16ten, 18ten und 21ten Februar, war jenen, die den Eid der Freiheit nicht leisten würden, gedrohet: sie als Feinde zu behandeln, und kaum war der zum Eide bestimmte Tag abgelaufen, als schon sehr viele Nichtgeschworne über die Rheinbrücke exportirt und andere wegen ihrer Widersetzlichkeit zur Schanzenarbeit angehalten worden waren; was mag nun wohl die Munizipalität für strengere Maasregeln zu entfernen gesucht haben? ----

XII. Nach allen diesen Vorgängen ließ sich gewiß nichts anders als eine fürchterliche Zukunft erwarten, besonders da die Abneigung gegen den abverlangten Eid von Stunde zu Stunde eher zu- als abnahm; man konnte sonach ohne prophetischen Geist vorher sehen, daß die Stadt durch die häufige Exportationen nach und nach so entvölkert würde, daß in derselben bei der Belagerung durch die teutsche kombinirte Armee, und bei allenfalls entstehenden Feuersbrünsten, es an Leuten mangeln würde, die zur Rettung der Stadt hülfreiche Hand leisteten. Um nun diesem Uebel abzuhelfen, suchte der Sänger zu St. Peter und Dechant zu St. Mauritz von Schmitz es bei dem General sowohl als bei den Kommissarien des Pariser Nationalkonventes, dahin zu vermitteln daß die vorgeschriebene Eidesformel dahin abgeändert würde, daß die Geistlichkeit mit ausdrüklichem Vorbehalt, der Hierarchie, die vorhin angestellten Staatsdiener und die Bürgerschaft aber unter andern Vorbehalten der Volkssouverainität in so lange huldigten, so lange die neufränkische Nation Besitzerin von Mainz und dieser Gegend seyn werde. Dieser zur Abwendung künftiger Unglüksfälle so sehr beschäftigte teutsche Biedermann, versprach auch dem General Wimpfen die Einwilligung wenigstens von
der

der kurmainzischen Gesandtschaft in Frankfurt beizuschaffen, in sofern ihm von Seiten der Generalität hülfreiche Hand geleistet würde. General Wimpfen, dem an der innern Ruhe der Stadteinwohner sehr viel gelegen war, war nicht allein mit dem gethanen Vorschlag zufrieden, sondern bewog auch noch die fränkischen Nationalkommissaire, dem gethanen Vorschlag beizupflichten, welche sich denn auch erklärten, den Eid nach den vorgelegten modifizirten Formeln, sowohl von der Geistlichkeit, als von den Staatsdienern und der Bürgerschaft anzunehmen. Hierauf wandte sich der Dechant von Schmitz an die kurmainzische Gesandtschaft, legte derselben die mobifizirte Eidesformel vor, und bat um die Einwilligung zur Ablegung dieses Eides; zeigte derselben zugleich an, daß die Entschließung, in einem Umschlag an den General Wimpfen, durch einen Trompeter, am sichersten ihm zu Handen kommen würde.

XIII. Nach endlich herangenahetem Sonntage (3ten März) installirte sich die neu gewählte Munizipalität gegen 10 Uhr, auf dem neuen Rathhause dadurch, daß sie bei geöffneten Thüren der Volkssouverainetät den Eid der Treue in ihren Amtsverrichtungen ablegte, und

und sich von der abgehenden Munizipalität die Protokolle und sonstige Verhandlungen überliefern ließen, und nach dieser Feierlichkeit statt der ersten Sitzung, die übrige Zeit mit freundschaftlichen Unterredungen verbrachte.

XIV. Noch merkwürdiger wurde dieser Tag, durch den gegen Nachmittag (3 Uhr) erfolgten Abgang des zeither noch in der Stadt gewesenen kurfürstlichen Militairlazareths, welches in eigends dazu genommenen Schiffen nach Elfeld fuhr. Vielen Bürgern und sonstigen Einwohnern, die noch glücklich genug waren, durch unglaubliches Bitten und Flehen, auch immerwährendes Laufen, einen Paß zum Abzug zu erhalten, wurde es gleichfalls gestattet, sich mit diesem Lazareth in das Rheingau zu begeben; jedoch durfte keiner ehender in die Schiffe selbsten eintretten, bevor nicht sein Namen von dem Kommissair Escherich abgelesen worden war; denn dieser hatte die Pflicht auf sich, dafür zu sorgen, daß niemanden, der nicht einen Paß, und nebst dem die Erlaubniß hatte, mit dieser Gelegenheit sich zu entfernen, sich hiemit fortschliche. Das Ufer am Rhein war mit einer unglaublichen Menge Menschen besezt, unter denen ein Haufen Freiheitsschwärmer sich so niederträchträchtig auszeichnete, daß der Haß bei den Einwohnern gegen die Anhänger der Neufranken nur noch mehr zunehmen mußte, denn dieselben verfolgten die auswandernden Einwohner mit Schimpfen und Aushöhnen immerwährend. Bei der Abfahrt der Schiffe liefen sogar noch einige derselben, in Gesellschaft von französischen Nationalgarden am Ufer nach, und warfen mit Steinen gegen die Abfahrende. Bei dem kurfürstlichen Militairlazareth befand sich auch der Oberkriegskommissarius und Kriegsrath Riedel, dem der Dechant von Schmitz sein Schreiben an die kurmainzische Gesandtschaft zu Frankfurt zur schleunigen Besorgung mitgab.

XV. In der geistlichen Pflanzschule waren um diese Zeit schon alle Vorgesezte, theils selbsten ausgewandert, theils aber von den Franken als Feinde ihrer Republik exportirt worden, dagegen Arand, Pfarrer zu Nackenheim, von den Nationalkonventsdeputirten Merlin, Reubel und Haußmann als Regens angestellet. Dieser Arand war der erste Landpfarrer, der den anverlangten Eid der Freiheit und Gleichheit ablegte, und sogar noch seine Gemeinde gleichmäßig zur Ablegung des anverlangten Eides überredete. Dieser einbil-

Eccz   beri-

berische Mann hatte bei seinem Betragen zur eigentlichen Absicht, ein Bißthum in der neuen rheinischdeutschen Republik zu erhalten, und lebte in dieser Absicht so sehr den neufränkischen Freiheitsschwärmern zu gefallen, daß er beinahe in der Stadt der Kinderspott geworden.

XVI. Auf die vielfältig von der Munizipalität sowohl als von den Madators der Klubsbrüder erlassenen Anmahnungen zur Ablegung des gefoderten Eides der Freiheit und Gleichheit, fanden sich doch nur immer wenige Einwohner, welche sich theils aus zu großer Furcht vor dem Verluste ihres Eigenthums, theils aber auch um des Flehens ihrer Familien endlich einmal überhoben zu seyn, zu der Ablegung des Eides verstanden. Dieses brachte den deutschen neufränkischen Anhang auf den Entschluß, nochmals alle Kunstgriffe anzuwenden, um die Zahl der Schwörenden zu vergrößern. Das wirksamste und kräftigste Mittel schien ihnen die Exportation derjenigen zu seyn, von denen voraus zu sehen war, daß sie niemalen den vorgeschriebenen Eid leisten würden. Dieserhalb wurden auch am 6ten März etwelche und dreißig, theils Geistliche theils Dienstleute durch Wache und Klubisten aus ihren Wohnungen geholt, den Kommissarien

der

der vollstreckenden Gewalt vorgeführt, und ohne über etwas gefragt oder vernommen worden zu seyn, ihnen eine einzige Viertelstunde zum Abschied von den Ihrigen und zum Einpacken ihrer nöthigsten Bedürfnisse bewilligt, und nach Ablauf dieser Zeit, vorsezlich durch die volkreichste Straßen über die Rheinbrücke zu den deutschen Vorposten geführt. Unter diesen Exportirten befand sich der Dechant von Schmitz, der sich so sehr bestrebt hatte, die Neufranken zur Abänderung der Eidesformel, und die Einwohner zur Ablegung des moderirten Eides zu bewegen; mithin mußte auch all das Gute, was sich aus dessen Bemühungen erwarten ließe, unterbleiben. Nach diesem Vorgange eiferten Forster und Böhmer mit einander um die Wette, mittelst Einrückens in ihre demokratischen Zeitungsblätter, den nichtgeschwornen Einwohnern ihre Verlegenheit zu vergrößern, und die Bewohner des übrigen Deutschlandes zu belügen. Denn am kommenden Tage (7ten März) behauptete Böhmer (in der Mainzer Nationalzeitung. No. XXVIII.) Die Liste der geschwornen und nichtgeschwornen Einwohner der Stadt seye den Kommissarien überbracht, diejenigen welche aus einer gar zu getreuen Anhänglichkeit an das ehemalige

Pfaf=

Pfaffenregiment den Eid verſagten, würden ſo wie die durch ſchändliche Einliſpelungen irre Geleiteten, zu den Preuſſen geführet werden. Viele, welche von dem auch bis izt noch im Verborgenen wirkenden Hofgeſindel in Schlummer gewiegt, das erhabene! — Geſchäft der Volkswahlen gleichgültig und ohne einigen Antheil vorbeiſtreichen ließen, erwachten izt, da die Gnadenzeit vorbei ſey, und könnten ihre Gleichgültigkeit nicht genug bereuen, zumalen man ihnen den Eid, den ſie izt gerne dreimal ſchwören möchten, nicht mehr abnehmen wolle. Indeß glaubte man, daß die Bürgerkommiſſarien mit denen, welche bis zu dem künftigen Freitage (den 15ten März) die Nichtleiſtung ihres Eides mit wichtigen Gründen entſchuldigen könnten, nicht ſo hart verfahren würden, als mit denen, von deren Hartnäckigkeit und Ariſtokratengeiſte man überzeugt ſey. Forſter verglich hingegen die Revolution einer heftigen Kriſe einer hartnäckigen eingewurzelten Krankheit, die mit einer hart angreifenden Kurart gehoben werden müßte; und dabei könne es nicht ohne Schmerzen und ohne Verluſt an Säften hergehen; alles was man vom Arzte fodern könne, ſeye, daß er den Kranken ſicher, bald und mit ſo wenig Schmerzen als möglich heile.

heile. — Nach diesem unschiklichen Gleichniß raisonnirt Forster mit der größten Schadenfreude und Rachgierigkeit: Die Stadt befinde sich in dem traurigen Fall einer politischen Krankheit, wovon sie die Frankreicher heilen müssen. Daß sie dieses mit so vieler Leutseligkeit! —! — wie man nur immer von einem Arzte verlangen kann, und mit so vieler Schonung, wie möglich, zu leisten suchten, würden auch ihre Feinde nicht leugnen können! —! —; doch mache die Kur allerdings Schmerzen. Die Erklärung der künftigen Ungültigkeit aller nicht vom Volke ernannten Beamten, die Kassation aller Privilegien, die Aufhebung der Fakultäten und Zünfte — das seyen hart angreifende Mittel. Die Ankündigung, daß jeder, der nicht schwören wollte, „dem Volke und den Grundsätzen der Freiheit und Gleichheit treu zu seyn," einen Eid, den jeder Mensch, der gesundes Geistes seye, im Herzen trage, als Feind angesehen werden sollte, schiene den kranken Mainzern eine Arznei auf Tod oder Leben, deren Anblik schon Vielen Zuckungen machte: und dann endlich gar die Vomitive und Amputationen, womit die Kommissaire der vollstreckenden Gewalt die Pfaffen und Beamten, weil sie auf ihre unrechtmäsigen,

Ccc 4 nicht

nicht vom Volke herrührenden Vorrechte, keinen Verzicht leisten wollten, und durch Konspirationen und Aufwiegeleien der guten Sache schadeten, als eine sehr böse Krankheitsmaterie aus dem Körper trieben, oder als faules Fleisch absonderten, nachdem sie zum Theile das unumgänglich nothwendige Geschäft des Holzfällens auf den Rheininseln, das die Franken, ohne sich die gerechtesten Vorwürfe zuzuziehen, ihren Freunden nicht zumuthen dürften, so lange sie ihre Feinde durch diese Leibesbewegung nützlich beschäftigen können, besorget; — das alles seyen Umstände, die man muthvoll ansehen müsse, wenn man anders wolle, daß der sieche Staatskörper endlich einmal kurirt werde, wenn es auch ohne fernern Schmerz nicht abgehen könne. Läßt sich wohl was unverschämteres von Freiheitsherolden denken, als im Angesichte eines so zahlreichen städtischen Publikums so offenbare Unwahrheiten öffentlich drucken zu lassen, wo es keinen einzigen noch Nichtgeschwornen gereute, an den lächerlichen Volkswahlen keinen Antheil genommen zu haben, andere aber, welche sich blos durch eine ausser dem Schwindelgeiste der Freiheit liegenden Ursache zum Eide hatten bewegen laffen, ihren Eid gerne dreimal zurükgenommen

men hätten, wenn es nur in ihren Kräften gewesen wäre. Am unerträglichsten aber war den Einwohnern die Heuchelei des Forsters, von dem es schon ziemlich lange bekannt war, daß er an keinen Gott glaubte, und der doch in seinem weiteren Raisonnement, die Sache der Freiheitsschwärmer, zur Sache Gottes gemacht hatte.

XVII. An diesem nemlichen Tage erschien ein Trompeter von der deutschen Armee, und überbrachte dem General Wimpfen, das an den Dechant von Schmitz gerichtete Antwortschreiben, auf seine Vorstellung in Hinsicht der gemäsigten Eidesformel. Der Dechant von Schmitz war aber schon Tages zuvor mit mehreren andern als Feind der Frankenrepublik exportirt worden, und General Wimpfen mogte vielleicht andere Ursachen gehabt haben, dieses Schreiben für sich nicht öffentlich bekannt zu machen, und überlieferte dasselbe der Munizipalität, die dasselbe ganz unterdrükte, damit es ja niemanden bekannt werden könnte; die Sache blieb also, in Rüksicht der Eidesleistung ohnabänderlich, wie sie vorher war.

XVIII. So stark auch um diese Zeit der Freiheitsdrang gegen die bieder Deutschgesinnte war, so gab es doch täglich Ereignisse, die die Abneigung gegen die so süß gemachte Freiheit noch vermehrten. So ergab sich um diese Zeit (8ten März) die ohne Hunger gar nicht zu überwindende Schloß = und Berg= festung Königstein, an die königlich preussische Truppen, die selbige aber drei volle Monate blokirt hielten, nachdem die Besatzung alle Drangsalen einer so langen Blokade ausge= standen, und der Mangel an allem auf das äusserste gestiegen war. Die ganze noch aus 440 Mann bestandene Besatzung ergab sich zu Kriegsgefangenen, und wurde des andern Tages in dem bedaurungswürdigsten Zustande nach Frankfurt, und von da weiter nach Hanau gebracht. Durch diese Ereigniß hatten die kombinirten Mächte, vorzüglich Oestreich, die Passage in die Niederlande wieder frei, und die zur Blokade von Kassel bestimmte Armee war manchen Beschwernissen überhoben, denen sie, so lang diese Festung sich noch in Feindes Hän= den befand, noch immer ausgesezt blieb.

XIX. Inzwischen fuhr man immer fort alle jene Einwohner von Mainz zu exportiren, von denen man nur von weitem vermuthen konnte, daß sie den anverlangten Eid der Freiheit und Gleichheit nie leisten würden. Die Reihe zum Exportiren traf zuerst den

geist=

geistlichen Stand, den man nach seiner vorhin bestandenen Abtheilung in verschiedene Stifter und Klöster zur Exportation bestimmte. So wurden am 8ten März die Kanonizi und Vikarien des Liebfrauen- und Heiligenkreuz-stiftes durch Wachen über die Rheinbrücke zu den preussischen Vorposten gebracht, ihr zurück gelassenes Vermögen hingegen unter das fränkische Nationalsiegel geleget. Den verschiedenen Stiftern folgten die Klöster, als die Franziskaner, Augustiner, Karmeliter und Kapuziner, deren Klostervermögen als ein den schwärmerischen Neufranken heimgefallenes Staatsvermögen betrachtet und auch grössten-theils veräussert wurde, bei welcher, immer öffentlichen Veräusserung eine Deputation von der städtischen Munizipalität die Direktion führte.

XX. Der 10te März war der bestimmte Tag, wo der rheinischdeutsche Nationalkonvent seine Sitzungen eröffnen sollte,*) allein die viele Schwierigkeiten, die an manchen Orten die

---

*) Man vergleiche hier die No. V. des dritten Absatzes der 2ten Epoche des fünften Abschnittes angeführte und unter den Beilagen pag. 679 eingerükte Proklamation.

die Urversammlungen und die darauf folgende
Wahlen fanden, erfoderten nothwendig eine
Verlegung der Eröffnung des rheinischdeutschen Nationalkonventes, die dann auch auf
den 17ten März verschoben wurde: denn an
sehr vielen Orten hatte man sich noch nicht einmal in Urversammlungen gebildet, noch weniger einen Deputirten zu diesem Konvente ge-
wählet. Selbst in Worms, wo man neufränkischer Seits beinahe alle Gewalt anwandte,
wurde erst die Ur- und Gemeindeversammlung
am 7ten eröffnet und am 11ten geendet. An
vielen andern Orten, wo die Gemeindeversammlungen auch am 24ten Februar zu Stande
gekommen und ein Deputirter zum Konvent
gewählt worden war, fanden die gewählten
Deputirten noch Anstände, nach Mainz, als
den Konventsort zu reisen, und mußten sogar
noch später durch militairische Macht gezwungen werden, sich nach Mainz zu verfügen.

XXI. So wenig auch die deutschen Jakobiner an die Möglichkeit glaubten, daß der
neufränkischen Republik die Stadt und Festung
Mainz je wieder entrissen werden könnte, so
zweifelten sie doch keinen Augenblick daran, daß
die kombinirte Armee in ihren Versuchen, die
Stadt Mainz wieder unter die vorige Regierung zu bringen, so weit kommen würde, daß
die

die Stadt, wo nicht förmlich belagert, doch wenigstens blokirt werde. Für diesen Fall ließ sich's die Munizipalität eine ihrer angelegensten Sorgen seyn, dem bei solchen Umständen gar leicht möglichen Mangel an verschiedenen nothwendigen Nahrungsmitteln, so viel in ihren Kräften seye, zuvor zu kommen, und bewogen den General Wimpfen, als Stadtkommandanten, durch eine Proklamation, alle zu der Stadt gehörige Felder gegen alle Eingriffe und gegen jede Beraubung von Seiten des neufränkischen Militairs zu sichern. Durch diese wohlthätige Anstalt war immer so viel gewonnen, daß eine Menge Stadteinwohner zur Zeit einer Blokade das nöthigste Gemüß und sonstige Gartengewächse sich selbsten ziehen konnten. Zum Vortheil jener Einwohner, die kein eigenes zur Stadt gehöriges Feld besaßen, traf die Munizipalität die Verfügung, daß die Gärten in der Stadt, die ausgewanderten oder exportirten adelichen, geistlichen oder sonstigen Personen und Körperschaften gehörten, an einzelne Einwohner, in einen jährigen Bestand, gegen ein geringes Bestandgeld gegeben wurden. Auch richtete ferner die Munizipalität ihre Sorgfalt noch dahin, das einmal schon angelegte bürgerliche Magazin aufs neue zu füllen, damit in solchen für die Stadt

miß-

mißlichen Zeiten, die Einwohner wenigstens an den nöthigsten Bedürfnissen auf keine Weise einen Mangel litten.

XXII. Inzwischen giengen immer noch die Exportationen solcher Einwohner, die den abgeforderten Eid der Freiheit und Gleichheit mit Muth und Standhaftigkeit versagten, fort; doch bis hieher traf meistens nur geistliche Personen die Reihe, aber man fieng auch nun allgemach an, Weltleute, die den anverlangten Eid zu leisten sich weigerten, als Feinde der Republik über die Rheinbrücke zu den deutschen Vorposten zu führen; selbst sogar Landleute, die die Leistung des anverlangten Eides versagten, wurden durch Wache in die Stadt gebracht, und von da weiter über die Rheinbrücke exportirt. So wurde schon am 15ten März die ganze Gemeinde von Fintheim, die sich aller angewandten Mühe der ausgesandten Freiheitsapostel Metternich und Plöger ohngeachtet, der Eidesleistung standhaft widersezten, durch 200 Mann Nationaltruppen in die Stadt gebracht, und auf den Schloßplatz, oder nach deutscher Jakobiner Sprache, Spitalplatz geführt, wo sie sodann nochmalen von den Konventskommissarien und einigen Klubisten, vorzüglich dem Pfarrer
Rum-

Rumpel und dem Becker Euler, zur Ablegung des Eides ermahnet wurden; allein diese Landsleute blieben standhaft auf ihrer Verweigerung, weshalb denn auch eilf von ihnen, als Peter Wolf, Joh. Reichert jun., Jakob Vogt, Heinrich Wald, Anton Hanzelmann, Joh. Wallerthum, Johann Hach, Martin Pauschbacken, Jakob Berg und Mathias Kraft über die Rheinbrücke bis zu den preussischen Vorposten exportiret, die übrigen aber mit der Weisung wieder nach Hause geschikt wurden, sich über ihre Lage zu bedenken, und innerhalb 8 Tagen den Eid zu leisten, oder zu gewärtigen, eben so wie ihre Mitbürger über die Rheinbrücke gebracht zu werden. Der Anblick dieser Leute auf ihrem Zug von Fintheim in die Stadt, war erbärmlich, und wurde dadurch noch rührender, daß die Weiber und Kinder unter immer fortdauerndem Jammern, ihren Männern und Vätern folgten, und noch hier und da verstohlenerweise, denselben etwas Geld und Brod zuzustellen suchten. *)

XXIII.

---

*) Eine umständlichere Erzählung dieser Vorfallenheit sowohl als des Betragens der Freiheitsapostel in dem Ort Fintheim, kann aus der protokollarischen Erzählung der von den Mainzer Freiheitsaposteln an den Einwoh-

XXIII. Inzwischen rückte der Zeitpunkt heran, wo der Konvent des rheinischdeutschen Volkes eröffnet werden sollte, und es war vorher zu sehen, daß der bestandene Klub bei dem rheinischdeutschen Nationalkonvent keinen geringen Einfluß haben werde: dieses behagte aber einem Hofmann und Forster gar nicht, weil nicht alle Mitglieder dieser Konstitutionsgesellschaft, so vom Geiste der Freiheit beseelt waren, daß ihre übrigen Geisteskräfte von Freiheitsschwärmerei erstikt worden waren; es waren auch viele unter denselben, die das Unwesen der Rasenden einsahen, und es manchsmal wagten, ihre entgegengsezte gelassenere Meynung mit Freimüthigkeit zu äussern, andere hingegen waren in diese Gesellschaft gekommen, ohne vorher gewußt zu haben, was sie eigentlich bezwekte, und bereuten nun ihren Schritt, da sie die Rasereien der Anführer kennen gelernt, wären vielleicht auch gerne ausgetretten, wenn sie sich nicht vor den Rasenden gefürchtet hätten. Die Vereinigung aller dieser Klubsbrüder schien den Madators der Gesellschaft eine Möglichkeit, und fürchteten

daß

---

wohnern des Dorfes Fintheim verübten Gewaltthätigkeit, 8. 1793. entnommen werden.

daß diese Vereinigte alsdann sowohl gegen den ganzen Klub, als auch gegen den rheinisch deutschen Nationalkonvent agirten. Um nun dieses zu verhindern, brachten sie es durch Vorstellungen: daß in den Klub sich nach und nach, durch zu große Nachsicht bei der Aufnahme neuer Glieder, Personen eingeschlichen, die entweder als feige Seelen, oder als geheime Helfershelfer und Agenten der Feinde der Freiheit und Gleichheit, würdiger seyen über die Rheinbrücke gebracht zu werden, durch den Kommissair Merlin dahin, daß er den bestandenen Klub, in der Abends erfolgten Sitzung feierlich aufhob. Diese ganze feierliche Aufhebung bestand in einigen Wendungen, die Merlin mit seinem entblößten Degen in der Luft machte, dann in den wenigen Worten: Ich sprenge hiemit den Klub. Was den Kommissair Merlin zu dieser Aufhebung noch mehr bewogen haben mag, war: daß einige Mitglieder des Klubs nicht bei den Urversammlungen erschienen, und auch nachher den gefoderten Eid der Freiheit und Gleichheit nicht leisten wollten. Nach dieser Aufhebung des alten Klubs bildete sich ein neuer, der seine Sitzungen wieder im Schlosse in dem sogenannten blauen Saale hielt. In diesen neuen Klub wurde aber keiner aufgenommen, es seye denn, daß er eine Volksbeamtenstelle bekleidet, oder sich vorher als ein ächter Jakobiner ausgezeichnet hätte.

Beilagen.

No. 71.

Erklärung

der fränkischen Kommissarien des Vollziehungsrathes.

Mainz, den 24ten Hornung 1793.
im zweiten Jahr der Frankenrepublik.

Die hiesigen öffentlichen Blätter erzählen so unrichtig die Gründe, warum wir uns dem, vom General Wimpfen vorgeschlagenen Aufschube der hiesigen Volkswahlen nicht widersetzen wollten, daß wir, da unser Ruf dabei aufs Spiel gesezt ist, glauben, die gehörige Erläuterung darüber dem Publikum mittheilen zu müssen. Die wahren Umstände sind folgende:

General Custine hatte neulich in seiner Proklamation vom 16ten d. erklärt, daß alle die Privilegirten, welche nicht ihren Privilegien entsagen, und den Eid der Freiheit und Gleichheit schwören würden, sollten fortgeschaft und ihre Güter eingezogen werden. Nun legten die Privilegirten zu Mainz, in Abwesenheit des Generals Custine, dem General Wim-

Wimpfen die Kapitulation, dieser Stadt vor, wodurch Custine im Namen der Frankenrepublik, allen und jeden Bürgern der Stadt Mainz die Erlaubniß zusichert, mit ihrem ganzen Vermögen frey abziehen zu können. Diese Erlaubniß ist in der Kapitulation auf keine Zeit eingeschränkt; auch hat der französische Nationalkonvent diese Kapitulation weder eingeschränkt noch entkräftet. Alle Privilegirten klagten nun bei General Wimpfen über Verletzung feierlicher und öffentlicher Verträge, und stellten ihm vor, ob er die Schande der Frankenrepublik durch Verletzung eines feierlichen Traktates zuziehen wollte. Dieselbe Klagen wurden von einer Deputation der Mainzer Bürgerschaft, uns, den Kommissarien des fränkischen Vollziehungsrathes vorgelegt. In einer Conferenz, die wir mit General Wimpfen darüber angestellt, wiederholte uns dieser, was er uns vorher schon schriftlich angekündigt hatte, daß er nicht glaube, über die Schwierigkeiten entscheiden zu können, die sich wegen der Kapitulation der Stadt Mainz und der Proklamation des Generals Custine vom 16ten d. erhoben. Auch wir hatten keine Vollmacht, darüber zu entscheiden. Wir haben also geglaubt, daß wir uns dem Vorschlag des Generals Wimpfen nicht widersetzen können, wenn er die Entscheidung durch einen ausserordentlichen Kourier nach Paris dem fränkischen Nationalkonvente vorlegen wollte. Es ist aber falsch, daß wir ihn dazu requirirt haben. Am 21ten dieses hatte der General den ausserordentlichen Kourier nach Paris bestellt; aber vor seiner Abreise kamen die Kommissarien des Nationalkonventes an, und brachten das Dekret vom 31. Jenner mit, wodurch sie berechtigt sind, über alle Schwierigkeiten vorläufig zu entscheiden, die sich der schleunigen Vollstreckung des Gesetzes vom 15. Dez. entgegen setzen mögen. Die Kommissarien des Nationalkonvents entschieden, weil sie das Recht dazu hatten! uns war erwähntes Gesetz unbekannt, weil wir es erst einige Stunden nach der Ankunft der Kommissarien des Nationalkonvents erhalten haben. Wir sind also in den Schranken der uns angewiesenen Vollmacht geblieben, und verdienen keinen Vorwurf von Schwäche. Immer werden wir so unerbittlich bleiben, als das Gesetz, wo nemlich dasselbe über die gegenwärtigen Fälle klar und deutlich entscheidet. Uns kommt es aber nie zu, das Gesetz erklären zu dürfen, und dürfen wir es, so gestehen wir gerne, daß wir es immer, wo wir die Stärksten sind, zum

Vör=

Vortheil des Schwächern auslegen würden. Denn so stolz wir darauf sind, Republikaner zu heissen, eben so stolz sind wir auch Menschen zu seyn. Wenn wir aber glaubten, einem Aufschub für die Stadt Mainz uns nicht widersetzen zu dürfen, weil diese Stadt eine Kapitulation mit der Frankenrepublik hatte, so haben wir allen andern Ortschaften unseres Wirkungskreises, die keine Kapitulation haben, jeden fernern Aufschub strenge untersagt.

Die fränkische Nationalkommissarien des Vollziehungsrathes.

Simon. Gregoire.

Friedrich Lehne, Sekretair der Kommission.

No. 72.
Proklamation
der deputirten Kommissarien des fränkischen Nationalkonventes und des Vollziehungsrathes.

Mainz, den 25. Hornung 1793 im zweiten Jahre des fränkischen Freistaates.

Nachdem man uns angezeigt, daß Zunftversammlungen wider das Gesetz vom 15ten Dez. 1792 gehalten worden, worinn man beschlossen hat, daß diejenigen sollen von den Zünf-

Zünften verstoßen werden, welche den Eid der Freiheit und Gleichheit schwören würden; so erklären wir, daß kraft des erwähnten Gesetzes, alle Zünfte aufgehoben sind, daß jederman frei ein Gewerbe treiben kann, wie er will, daß alle Zunftversammlungen gesetzwidrig waren, und noch sind; daß alle Schlüsse solcher Zunftversammlungen als null und nichtig zu erklären, und daß diese Versammlungen strenge verbothen sind, bei Strafe für die Uebertretter, als Rebellen behandelt zu werden.

Die fränkische Nation erkennt keinen Korporationsgeist, sondern jeder Bürger hat nur das Recht, in allgemeinen Ur- oder Gemeindeversammlungen seinen Willen zu erklären.

Die deputirten Kommissärien des fränkischen Nationalkonvents.

Reubel, Hausmann und Merlin von Diedenhofen.

Demangeat, Sekretair der Kommission.

Die Kommissärien der vollstreckenden Gewalt der Frankenrepublik.

Simon. Gregoire.

Friedrich Lehne,
Sekretair der Kommission.

No. 73.

No. 73.
Bekanntmachung.

Zur Aufführung des großen Tempels der Volkssouverainetät und der bürgerlichen Staatsverfassung, nach den Rechten des Menschen, und den Grundsätzen der Freiheit und Gleichheit in unsrer Stadt Mainz, sind die Hauptfundamente geleget, und die Grundpfeiler glüklich aufgestellt.

Die Ur- und Gemeindeversammlungen, welche auf den Sonntag, den 24ten Hornung d. J. festgesezt waren, sind an eben diesem Tage, Morgens um 8 Uhr, in 6 hiesigen Pfarrkirchen, als zu St. Ignaz, zu Liebfrau, zu St. Quintin, St. Emmeran, St. Peter, und zu St. Stephan, mittelst halbstündiger Läutung aller Glocken angekündigt, durch 6 Sessionen in erwünschter bester Ordnung eröfnet, und nach den — unter dem Vorsitze der ältesten Bürger aus den Versammlungen geschehenen Vorwahlen der Wahlpräsidenten und der Stimmensammler ꝛc. der Bürger Eid nach der beliebten Formel: Ich schwöre treu zu seyn dem Volke und den Grundsätzen der Freiheit und Gleichheit, von jedem Gliede der zahlreichen Versammlungen einzeln abgeleget, sofort zu gleicher Zeit zu den Wahlen der bürgerlichen Obrigkeiten, und Volksbeamten geschritten, die einzelnen Wahlstimmenzettel in Urnen gesammelt, und an diesem und den folgenden, bis zum dritten Tage, dieses so wichtige und heilige Geschäft, worauf das Heil und die Wohlfahrt der Völker beruhet, fortgesezt, und so in schönster Friede- und ruhevoller Ordnung zur allgemeinen Zufriedenheit und Freude aller patriotischgesinnten Mitbürger — am 26ten dieses vollendet worden.

Nachdem also zuerst die Wahlen des Mairs, und des Gemeindeprofurators durch eine große Stimmenmehrheit erörtert, und demnach auch die Wahlstimmen zur neuen Munizipalität von allen Sekzionen an die provisorische Munizipalität auf das Gemeindehaus verschlossen eingeschift, und noch am Abend des 26ten dieses die Skrutinien in Gegenwart sämmtlicher Wahlvorsteher geöffnet, die Stimmen zusammen geordnet waren: so hat sich ergeben, daß der Wille des versammelten Volkes, durch die Mehrheit der Stimmen zu seinen Vorstehern und Beamten ernennet, und erklärt hat, nemlich:

I. Den Bürger Macke zum Maire.
II. a) Den Bürger Waßmann zum Gemeindeprofurator.

b) Den

b) Den Bürger Niederhuber als Gemeindeprokuratursubstitut, sodann

III. Zu Munizipalbeamten:
1) Den Bürger Umpfenbach.
2) Den Bürger Patoky.
3) Den Bürger Häflin.
4) Den Bürger Cronauer.
5) Den Bürger Stephan Lindt.
6) Den Bürger Emmerich.
7) Den Bürger Bayer.
8) Den Bürger Nikhel.
9) Den Bürger Noisten sen.
10) Den Bürger Falziola sen.
11) Den Bürger Franz Euler.
12) Den Bürger Mathäi jun.

Dann wurde der Bürger Staudenheimer als Munizipalsubstitut, für den als Deputirten zum Mainzer Nationalkonvent erwählten Bürger Patoky ernennt, sodann

IV. Als Munizipalsuppleanten:
1) Bürger Caprano sen.
2) Bürger Köhler.
3) Bürger Burkard.
4) Bürger Gaul.
5) Bürger Endlich.
6) Bürger Müller.

V. Als Deputirte zum Nationalkonvent.
1) Bürger Razen, für die Sektion A.

2) Bürger Forster, für die Sektion B.
3) Bürger Eckel, für die Sektion C.
4) Bürger Westhofen, für die Sektion D.
5) Bürger Hofmann, für die Sektion E.
6) Bürger Metternich, für die Sektion F.

Uebrigens wird bemerkt, daß die oben benannten Bürger Häflin, Noisten, Staudenheimer und Burkard, aus vorgelegten gegründeten Ursachen und Hindernissen sich einsweilen noch ihre Stellen, welche das Volk durch seine Wahl ihnen zugedacht, jedoch mit wärmster Dankempfindung für dessen Zutrauen auf sie, verbeten haben; welches Begehren aber noch weiterer Entschließung untergeben ist, und im Falle dessen Annahme, tretten sodann die nachfolgenden der Ordnung nach in derselben Stelle ein.

Dem hiesigen Bürgerpublikum wird anbei bekannt gemacht, daß jene benamte Bürger, welche die neugewählte Munizipalität formiren, nächstkünftigen Sonntag den 3. März morgens 10 Uhr, auf dem Gemeindehause dahier nach der gesezlichen Vorschrift sich installiren, und dem Volke den gewöhnlichen Eid öffentlich ablegen werden; welcher feierlichen Handlung, die der erste Beweis der anerkannten Volkssouverainetät ist, die gesammtsammte Bürgerschaft beizuwohnen, und um die bestimmte Zeit auf dem Gemeindehause sich einzufinden, hiermit eingeladen wird.

Mainz, den 28. Hornung 1793 im 2ten Jahr der Frankenrepublik.

Von Munizipalitäts wegen.

J. B. Reuffing, Munizipalsekretair.

No. 74.
Bekanntmachung.

Mitbürger!

Euch ist durch die Verfügung der Bürgerdeputirten des Nationalkonvents vom 21. Febr. aufgegeben worden, bis zum 24. Febr. dem Volke zu huldigen, und den Eid für Freiheit und Gleichheit zu schwören; den Nichtschwörenden ist die Strafe der Verbannung aus der Stadt, und die Legung ihres Vermögens unter Beschlag angedrohet. Bis izt ist diese Strafe nur an einigen vollzogen worden, die ihren Widerspruch und Widersezlichkeit, dem Vernehmen nach auf eine auffallende Art erklärt haben.

Die Wahlen nahmen mehrere Tage hin; dieser Umstand und unsere dringende Vorstellungen entfernten bisher die in der Proklamation vom 21. Febr. gegen die Nichtschwörenden verhängte strengere Maasregeln. Jezt nutzen wir

wir blesen Verzug, jene Mitbürger, die ihren Eid nicht geleistet haben, über die Folgen warnend zu belehren.

Uns ist bekannt, daß der Grund der Verweigerung in unwahren und ungegründeten Einflüsterungen bestehe; wir zeigen Euch den Ungrund.

Man sagt Euch die Bürgerdeputirten hätten die Verfügung zurück genommen, sie würde also nicht vollzogen. Dieses ist so unwahr, daß man vielmehr in uns bringt, die Liste der Nichtschwörenden, besage des anliegenden, heute erst erhaltenen ins Deutsche übersezten Schreibens, schleunigst einzuliefern.

Man sagt Euch, der Nationalkonvent habe die Verfügung seiner Deputirten dahier durch eine nachfolgende Verfügung unkräftig gemacht. Das ist eben so unrichtig.

Man sagt Euch, die Oestreicher und Preussen werden in 4 Wochen hier seyn. Wir können eben so wenig wissen, ob sie jemals hieher kommen, als ob die Frankenarmee weitere Fortschritte machen, und die gegnerische Armeen von unserer Stadt sich entfernen werden, und auf dieses Ungewisse des Waffenglüks darf ein vorsichtiger Hausvater seine Nahrung und Vermögen zum Nachtheil seiner Frau und Kin=

Kinder um so weniger aufs Spiel setzen, als man Euch, wie ihr selbst wisset, schon seit einem halben Jahre mit dergleichen Gewäsche, zu täuschen gesucht hat.

Man sagt Euch, daß die Preussen und Oestreicher schwere Rache an Eurer Stadt nehmen werden, wenn ihr schwöret. Huldigungen sind aber bei allen Kriegen an den Ueberwinder gewöhnlich, und den Franken, als unsern Ueberwindern, steht es frei, sich von uns huldigen zu lassen, oder uns selbst. Wenn wir das Leztere thun, so fehlen wir eben so wenig, als die Prager, Königsberger, Breßlauer und Hanoveraner, die wechselsweis den Hanoveranern, Franzosen, Preussen, Oestreichern, Bayern und Russen in unserer Lebenszeit gehuldiget haben, je nachdem ihr Land von einer oder der andern Macht eingenommen wurde.

Man hat Euch gesagt, gleich nach dem Eide müßt ihr die Flinte nehmen. Das Gegentheil haben die Bürgerdeputirten erklärt, mit dem Anfügen, niemand, als den Freiwilligen anzunehmen.

Um Euch auch von Seiten des Gewissens zu Narren zu machen, sagt man Euch: Ihr werdet durch den Eid mit den Franken in Ge-

mein-

meinschaft kommen, und wie sie von dem Pabst
getrennt werden. So sagten die Herren nicht,
als der Erzbischof die Emser Punkte unter=
zeichnete, die nichts als die nemlichen Grund=
sätze der fränkischen Gesetze enthielten. Auch
haben die frömmsten und gelehrtesten französ=
sischen und deutschen Geistlichen die Gesetze
klug und sogar heilsam gefunden, und meistens
nur solche Geistliche fanden sie für ihr Ge=
wissen beunruhigend, die, ohnerachtet sie an
keinen Gott glaubten, ihren Eigennutz hinter
Religionsskrupel versteken. Sie sagen: wenn
Ihr schwöret, so könnt Ihr in andern Ländern
nicht handeln, keine Profession treiben. Daran
hindert der Krieg ohnehin, und der Friede
hebt diese Hindernisse. Sie sagen: wenn Ihr
auf Euer Privilegium Verzicht leistet, könnt
Ihr kein Fortkommen mehr ausser Landes
finden. Das ist unwahr; Ihr befolgt hier
das Gesetz, und wenn Ihr Euer Fortkommen
anderwärts sucht, befolgt Ihr die dasigen
Gesetze.

Diese Belehrung waren wir Euch, Mit=
bürger! schuldig, um Euch zur Leistung des
Eides die nöthige Aufklärung zu geben. Wir
haben zu dem Ende auf dem Gemeindehaus
eine Deputation angestellt, vor der Morgens
von 10 bis 12 und Nachmittags von 3 bis 7 Uhr,

die=

diejenigen ihren Eid noch leisten können, die dieses bis jetzt nicht bewirkt haben; ja wir haben beschlossen, nächsten Sonntag Nachmittags von 3 bis 8 Uhr Abends lediglich dieser Arbeit uns zu widmen. Wir rathen Euch, Mitbürger! brüderlich, diese Frist, die nicht länger als bis nächsten Montag Abend, dauern kann, schleunig zu befolgen. Nach dem Verlauf dieses Zeitpunkts können wir die Auslieferung der Listen, über die Nichtschwörenden, nicht länger zurükhalten, und dann ist es unsere Schuld nicht, wenn diese irre geführten Mitbürger ihr Haus, Vermögen und Gewerbschaft verlassen müssen; ihre paar mitgenommene Gulden in einem oder ein paar Monaten verzehren, dann in der Fremde, gleich den ausgewanderten Franzosen, der Kinderspott werden, und wenn sie wieder in ihre Vaterstadt zurükkehren wollen, ihr Haus von einem angesiedelten Franken besezt finden, sie aber selbst, als dem Gesetz widerstrebende Bettler, in ihrer Vaterstadt nicht angenommen werden.

Mainz, den 1. März 1793. im zweiten Jahr der Frankenrepublik.

Von Munizipalitäts wegen.

J. B. Reussing mpr.
Munizipalitätssekretair.

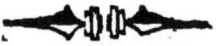

Abschrift.

Mainz, den 1ten März 1793,
im zweiten Jahre der Franzenrepublik.

Die Munizipalität von Mainz wird nächsten Montag, oder allerlängst nächsten Dienstag die Listen derjenigen, die geschworen, und jener, die nicht geschworen haben, uns fehlbar an uns einsenden.

Die Kommissaire des Nationalkonvents bei den Armeen des Rheins, der Sauen und der Mosel.

W. Haußmann, Reubel.

Dem Original nach der Uebersetzung gleichlautend.

J. B. Reussing,
Munizipalitätssekretair.

Neue Bücher. Fortsetzung.

Kurze Beschreibung von Mainz und dessen Uebergabe an die Franzosen im Oktober 1792. dann wieder an die Deutsche im Juli 1793. zur Erklärung des Belagerungsplans, 8. 6kr.

Kurzgefaßte Geschichte des Staats von Frankreich und alle Revolutionen desselben, von den ältesten Zeiten an bis auf die gegenwärtigen, 8. 1 fl. 12 kr.

Maria Antonia von Oestreich, Königin von Frankreich, ein Trauerspiel in 4 Aufzügen, vom Verfasser des Ludwig Capet, mit einem Kupfer, 8. 36 kr.

Die zwei königl. Märtirer, oder Karakteristik Karl I. und Ludwigs XVI. ein historisches Gemälde, mit 3 Kupfern, 8. 1 fl. 48 kr.

Geschichte und Anekdoten der französischen Revolution, von der Thronbesteigung Ludwig XVI. an, bis zu seinem Tod, 1ster Band, 8. 45 kr.

Histoire & Anecdotes de la revolution françoise, depuis l'avennement jusqu'à l'époque de sa mort, T. I. 8. 1 fl. 30 kr.